Brincando com a Morte

2ª Edição

OUTRAS OBRAS DO AUTOR:

- Culto do Evangelho no Lar
- Encontro com Jesus
- Estudando o Livro dos Espíritos
- Histórias da Vida Eterna
- Histórias, Contos e Lendas Espirituais
- Pedaços da Vida
- Quem és Tu, Morte?
- Segredos da Alma
- Segredos da Vida e da Morte
- Os segredos do Véu de Ísis
- Segredos e Mistérios da Mente Humana

DJALMA SANTOS

Brincando com a Morte

2ª Edição

LAR DE FREI LUIZ

EDUCANDÁRIO LAR DE FREI LUIZ
2014

BRINCANDO COM A MORTE

2ª Reimpressão – 2014

CIP - BRASIL - CATALOGAÇÃO-NA-FONTE
SINDICATO NACIONAL DOS EDITORES DE LIVROS, RJ.

S578b

Santos, Djalma, 1938-
Brincando com a Morte / Djalma Santos da Silva. – 2. ed., – Rio de Janeiro: Educandário Social Lar de Frei Luiz, 2014.
188p. / 14x21cm

ISBN 978-85-64703-16-2

1. Poesia espírita. I. Título.

CDD 133.93
CDU 133.9

Editoração: Contraste Editora e Propaganda.
Capa e diagramação: Contraste Editora e Propaganda.
Revisão final: Contraste Editora e Propaganda.

LAR DE FREI LUIZ

Educandário Social Lar de FREI LUIZ
Estrada da Boiúna, 1.367 – Taquara – Jacarépaguá – Rio de Janeiro, RJ
CEP 22723-021
http://www.lardefreiluiz.org.br/
Telefone: (21) 3539-9550
CNPJ 33.760.398/0001-13
Insc. Est. 82.141.960

ATIVIDADES DO GRUPO DE FREI LUIZ

"A Caridade tudo crê, tudo espera,
tudo sofre e tudo suporta."

São Paulo aos Coríntios, 13:7

EDUCANDÁRIO SOCIAL LAR DE FREI LUIZ

Estrada da Boiúna, 1.367 – Taquara – Jacarepaguá
Rio de Janeiro, RJ – CEP 22723-021
Telefone: (21) 3539-9550
Site: www.lardefreiluiz.org.br
Presidente: Wilson Vasconcelos Pinto

Obra filantrópica fundada em 29 de junho de 1964 cujo objetivo é a assistência, educação e atendimento médico-ambulatorial. Integra a Instituição um Ambulatório Médico com serviços de Clínica Médica, Ginecologia e Obstetrícia, Pediatria e Psiquiatria. Todos os serviços são integralmente gratuitos. As equipes médica e odontológica são exclusivamente constituídas pelos irmãos dedicados ao Frei Luiz.

OS LIVROS E O EQUILÍBRIO DO SER

Todos possuímos uma grande responsabilidade na harmonia de nosso Planeta. É nossa missão ajudar na irradiação dos pensamentos salutares em direção aos nossos semelhantes. Pensamentos bons, fraternos, de união; jamais calcados no ego! Com os pensamentos, ajudamos na cura de nossa alma, restabelecemos nossa estrutura orgânica e auxiliamos a regeneração da Terra.

E bons livros são notáveis, potentes e abençoados "professores", auxiliando-nos divinamente na educação e no equilíbrio de nossos pensamentos e ações. Nosso Grupo de Frei Luiz vem trabalhando, com zelo, dedicação, comprometimento e carinho, no intuito de levar a você, querido (a) leitor(a), boas e esclarecedoras informações por meio desses livros que ora propomos.

Há uma riqueza mental ao nosso dispor e tesouros maravilhosos armazenados em nosso coração. Aguardam apenas o despertar, para que, então, movimentemos mãos operosas e uma presença confortadora em benefício de nossos irmãos, de nossos companheiros de jornada. A boa literatura fortalece e norteia nossos pensamentos, edificando e abrindo novos horizontes.

Que, pouco a pouco, tornemo-nos livres da velha sombra que nos acompanha há milênios: a ignorância. O florescer dos bons pensamentos e sentimentos é o maior dos medicamentos a criar equilíbrio, transformar e apurar energias, preservar e gerar a saúde física, mental e astral.

Grupo de Frei Luiz

PUBLICAÇÕES DO EDUCANDÁRIO SOCIAL LAR DE FREI LUIZ

OS SEGREDOS DO VÉU DE ÍSIS

"Todos os *Segredos do Véu de Ísis* foram revelados com a Doutrina Espírita codificada por Allan Kardec, que abriu a arca dos tesouros imortais ao público do mundo inteiro (...)."

Djalma Santos da Silva

SEGREDOS DA ALMA

"É apenas um pequeno esforço, um simples voo do meu pensamento contínuo, exteriorizado pelo meu espírito, ávido por conhecer e compartilhar, atendendo à maravilhosa assertiva de Jesus: *Vós sois o sal da terra, mas, se o sal for insosso, não poderá salgar*. A nossa intenção não é apresentar inovações, nem curiosidades, mas dissertar sobre assuntos já conhecidos, de modo simples e direto, tendo Kardec como líder doutrinário indiscutível."

Djalma Santos da Silva

COMO JESUS SE TORNOU DEUS

Jesus é o Guia e Modelo do nosso planeta. Aquele que nos amou e nos ama a tal ponto que deixou as esferas mais altas onde habitava para viver conosco e dar a sua vida em sublime sacrifício por todos nós. Jesus, o Messias de Deus, o Servidor do Pai, o Nosso irmão maior, mas que não é Deus, e isto não o diminui, ao contrário, exalta-O e deixa claro para nós que tudo aquilo que Ele realizou nós também poderemos realizar, bastando desenvolver os nossos talentos e colocá-los a serviço de nosso próximo. Com amor e devoção.

José Carlos Leal

MEMÓRIAS DE UM PRESIDENTE DE TRABALHOS

Trabalho voltado para a prática de sessões espíritas, principalmente sobre técnicas de materialização e efeitos físicos. Verdadeiro manual e roteiro seguro para os que se propõem ao conhecimento e ao exercício, límpido e correto, do trabalho espírita.

Luiz da Rocha Lima

FREI LUIZ – O OPERÁRIO DO BRASIL

Estudo biográfico da entidade tutelar, cujo nome é dado ao Educandário Social e à Instituição Espírita. Os relatos estendem-se a manifestações suas após desencarnado – espírito atuante.

Luiz da Rocha Lima

MEDICINA DOS ESPÍRITOS

Obra calcada na prática da Medicina (diagnóstica e terapêutica) desenvolvida pelos Espíritos. É valioso livro de consulta e roteiro seguro para médicos e demais interessados, na etiopatogenia espiritual das mais variadas doenças: orgânicas, funcionais e psicossomáticas.

Luiz da Rocha Lima

O GRANDE INVESTIDOR

Livro revelador dos rendimentos e recompensas tributadas aos que praticam a caridade. A obra mostra-nos ser a caridade o maior e mais eficiente de todos os investimentos de que o homem possa lançar e socorrer-se. Livro que, certamente, marcará e modificará a vida de muitos de seus leitores, inseguros e intranquilos com seus dias do amanhã.

Luiz da Rocha Lima

LUIZINHO – O POETA DE DEUS

Coletânea de poesias e de mensagens psicografadas (mecanicamente), compiladas (clarividentemente) e verbalizadas (clariaudientemente) pelo médium Eduardo Fructuoso. Os comentários são de Luiz da Rocha Lima.

Luiz da Rocha Lima

MENSAGENS DOS ESPÍRITOS PELO TELEFONE

Transcrição de diálogos mantidos com os Espíritos ao se utilizar recurso inédito – o telefone – como meio de comunicação. Trabalho vanguardista. Essa obra abre, pois, novo horizonte na era da comunicação entre o mundo dos homens e o mundo dos espíritos.

Luiz da Rocha Lima

FORÇAS DO ESPÍRITO

Relato empolgante da poderosa e benéfica influência dos Espíritos de Luz, ao criarem, junto a grupo de irmãos dedicados, obra beneficente e filantrópica. É um livro que testemunha o poder da fé quando associada à perseverança, à caridade e ao amor.

Luiz da Rocha Lima

MEDIUNIDADE COM CRISTO

Estudo teórico e prático acerca do preparo e da educação mediúnica. Trabalho-guia para o médium iniciante.

Luiz da Rocha Lima

EVIDÊNCIAS DE UM VIDENTE

Eduardo Fructuoso é fiel e dedicado médium do Grupo de Frei Luiz e possui uma longa trajetória de esforços, perseverança e constância na vivência da Doutrina Espírita. Chegou ao Grupo em 7 de novembro de 1967. Por meio da mediunidade, da clarividência e da psicografia, ele se coloca à inteira disposição da Espiritualidade Maior para o trabalho na caridade. O médium, ao longo desses muitos anos, tem recebido várias mensagens, dentre as quais estão as enviadas por Luizinho, em forma de belas poesias, apresentadas nesse livro. Eis aqui uma obra que nos proporciona uma leitura edificante. Trata-se de um presente para fortalecer a nossa vida e nossas reflexões diárias, com mensagens de amor, humildade, perdão e caridade.

A FACE OCULTA DA MEDICINA

Dr. Paulo Cesar Fructuoso, médico cirurgião e médium, nas últimas três décadas foi testemunha ocular dos fenômenos hiperfísicos ocorridos na Casa Espírita Lar de Frei Luiz. O leitor terá a oportunidade de viajar em uma ciência muito mais vasta, que inclui em seus postulados conceitos de uma Medicina invisível, mas com resultados visíveis, o que certamente mudará paradigmas a respeito da ideia materialista da ciência médica... Quando isso acontecer, a ciência terá tido a comprovação de que toda enfermidade é herança de erros passados e, aí, mudará o foco para a cura do doente – o espírito.

SUMÁRIO

PREFÁCIO

Muito me honra o pedido do companheiro Djalma Santos para que redigisse estas linhas, a respeito do Livro Brincando com a Morte, de sua autoria, e que versa sobre a realidade desse fenômeno tão natural, mas que, devido à ignorância e ao medo, ainda perturba milhares de pessoas, levando ao desespero todos aqueles que perdem seus entes queridos através da "morte".

Quando o livro chegou as minhas mãos, encontrei nele muito lirismo, a folhear trovas cheias de encantamento, apesar do assunto abordado pelo Autor causar certo desconforto naqueles que ainda não buscaram descobrir algo além a respeito desse fenômeno tão temido, a "morte".

Deixando cair por terra definições mal colocadas, Djalma exalta o grau de responsabilidade que nos cabe, ao vivenciarmos esse estado tão presente de mudanças em nossas vidas, ligadas diretamente à nossa consciência imortal.

É necessário, pois, que estejamos dispostos a conhecer, a estudar e a evoluir em amor; amor este que nos fará descobrir, em nós mesmos, a certeza de que devemos viver bem a nossa vida, para que venhamos a morrer bem.

Feliz vida, Djalma. Parabéns pela iniciativa oportuna de esclarecer almas em evolução; de desmistificar a discriminação que se faz ao fenômeno "morte", dando a essa mudança de dimensão, um caráter lírico e poético, demonstrando de uma forma cabal e completa que a "morte" é apenas um estágio entre duas vidas; um sono que se completa; um encontro mágico com a própria consciência imortal.

Fátima Moura
(Jornalista, escritora, professora e palestrante de assuntos espíritas.)

NOTA DO AUTOR

Sempre tive uma curiosidade enorme a respeito da "morte", e observo essa "velha senhora" desde minha adolescência, quando ainda residia no interior do Estado de Minas Gerais.

Nos velórios a que comparecia, levado pelas mãos abençoadas de minha mãe, onde companheiros e companheiras desencarnavam sob diversas formas, por acidentes, suicídios, assassinatos ou de forma natural, pude constatar o pavor da morte estampado nos semblantes da parentela familiar dos chamados "mortos".

Também deixaram marcas indeléveis o choro das "carpideiras", o luto fechado, a confissão no leito de "morte" e as missas de corpo presente.

Uma frase intrigante acompanhou-me por muito tempo: "Será que a 'morte' é tão ruim assim?" Ao adentrar-me à Doutrina Espírita, aproximadamente trinta e cinco anos atrás, li em primeiro lugar os livros da codificação e, em seguida, sofregamente, outros que se referiam especificamente à "morte": Depois da Morte, de Léon Denis; Educação para a Morte, de Herculano Pires; Além da Morte, de Otília Gonçalves; Quem tem Medo da Morte, de Richard Simonetti, e muitos outros livros e artigos ligados ao assunto, e, concluí que a "morte", entre tantas definições, é apenas "um caminhão que faz mudanças"... Não possui nenhum poder. Só faz a mudança! A responsabilidade pela mudança é do dono da mudança; e a felicidade ou desdita do outro lado da vida vai depender do tipo de "carga" que o caminhão transportará. Se levar uma carga "pesada", que corresponde ao ódio, rancor, ressentimento, raiva, ciúme, mentira, sensualidade excessiva e outros tipos de viciação, certamente enfrentará muitos problemas no além; mas se levar uma carga "leve", correspondente à bondade, serenidade, caridade, fraternidade, paciência, mansuetude, ao compartilhamento e aos serviços prestados ao próximo; não terá nenhum problema do outro lado da vida, e a "morte" será apenas um sono que se completa.

Uma coisa é certa: "Levamos para o outro lado da vida o céu ou o inferno que construímos dentro de nós mesmos", e, mesmo que ocorram fatores externos com relação à nossa "morte", os fatores mais incisivos, mais atuantes, serão sempre os internos, ou seja, aqueles que afloram de dentro dos nossos corações.

Este livro foi escrito em forma de "literatura de cordel", em versos simples e diretos; a fim de facilitar a leitura para todos os tipos de crenças e religiosidades, identificando a "morte" como a única certeza que temos na vida, sendo, portanto, inútil ignorá-la ou tentar adiar o estudo e a compreensão sobre esse fenômeno tão sublime, que nos leva ao encontro de nós mesmos, dentro da evolução infinita do Universo de Deus.

Seja muito feliz, querido leitor, certo de que, o problema da "morte" é de educação, para todos aqueles cujos corações Deus já tocou!..

Djalma Santos

(Militar da Reserva do Exército, professor, radialista, palestrante espírita e escritor com mais de dezessete obras espíritas já publicadas. Participa, na Rádio Rio de Janeiro, dos programas: Sorriso de Esperança; Analisando os fatos e Respondendo aos ouvintes.)

"A morte é o ponto de interrogação colocado, constantemente, diante de nós, a primeira das perguntas inumeráveis, cujo exame, preocupou, causou o desespero das idades, a razão de ser de uma multidão de sistemas filosóficos."

Depois da Morte. Introdução.

BRINCANDO COM A MORTE

Quem és tu, velha senhora,
Que nos visitas de surpresa,
Pra uns és sempre dúvida,
Para outros és certeza!

Quem és tu, espada mortífera,
Que a todos iguala perante a Lei,
Obrigando-me a refletir,
Em mistérios que ainda não sei...

Quem és tu, grande amiga,
Que ceifas vidas em profusão,
Deixando um rastro de desespero,
Nos caminhos da evolução!

Chamo-me Morte,
Sou parte da própria ciência,
Levo o homem ao encontro
Da sua consciência!

Sou o imperativo biológico,
Que obriga o homem à transformação,
Sou a vida que se extingue,
Pedindo a renovação!

Sou uma estrada deserta
que todos têm que percorrer.
depois de um sono profundo.
continuar a viver...

Sou a única credenciada,
Que modifica sem fazer mal,
Mas para os que são violentos,
Deixo de ser natural!

Sou a ocorrência final,
Sou a outra dimensão,
Sou o ajuste de contas,
Para quem anda na contramão!

Sou a saudade que fica,
Sou o convite da cruz,
Sou o sono mais profundo,
Para o despertar da Luz!

Sou a arma do assassino,
Que me usa com crueldade,
Mas sou também o espelho,
Que lhe vai refletir a verdade!

Sou o determinismo divino,
Imposto pelo Criador,
Sou o sacrificio supremo,
Para encontrar o Amor!

Sou a estrada mais longa,
Para quem pratica o mal,
E sou o caminho mais curto,
Para a família universal!

Para os suicidas sou o engano,
Para os fanáticos a decepção,
Pois esperam encontrar em mim,
Muralhas de proteção!

Sou a foice que decepa,
Sou a mão forte que revela,
Quem educa para me esperar,
A vida torna-se mais bela!

Sou a vida que continua,
Sou a esperança de encontrar Jesus,
Para os loucos sou as trevas,
Para os justos sou a Luz!

Sou juíza preparada,
Com um vestido bem bonito,
Para realizar o casamento,
Do Homem com o Infinito!

Sou a força do vírus,
Sou a sutileza da bactéria,
Apesar da fama que tenho,
Só destruo a matéria!

Sou um caminhão que faz mudanças,
Que o motorista dirige à esmo,
Carregando o céu ou o inferno,
Que construiu dentro de si mesmo!

Sou o fim de uma estrada,
Sou aliada da evolução,
Sou o sinal de perigo,
Do instinto de conservação!

Sou a violência do trânsito,
Sou a fúria das águas,
Mas apesar da surpresa,
É melhor não levar mágoas!

Sou a esperança dos idosos,
Que desejam a minha guarida,
E se surpreendem quais jovens,
No outro lado da vida!

Sou o martírio das mães,
Sou aflição do povo,
Mas sou também a grande chance,
De se nascer de novo!

Sou a porta vibratória,
Que põe fim à ilusão,
Sou a grande oportunidade,
De nova reencarnação!

Sou o grito de dor,
Na hora da despedida,
Sou também um alerta,
Impondo respeito à vida!

Sou o vírus da AIDS,
Sou o colapso do coração,
Eu desagrego a matéria,
E provoco a "ressurreição"!

Sou o esforço dos médicos,
Que tentam me derrotar,
Avançando junto com a Ciência,
Sem nunca me alcançar!

Sou a missão do carrasco,
Sou a vitória da fome,
Porque em tempo de guerra,
Todos gritam o meu nome!

Sou a desagregação das células,
Da tessitura corporal,
Eu sou a histólise do corpo,
E sou a histogênese espiritual.

Sou os bilhões de vermes invisíveis,
Que consomem o corpo somático,
Sou a incógnita da vida,
E a certeza do Matemático!

Sou a entropia que desorganiza,
Sou um beco sem saída,
Sou a mudança dos seres orgânicos,
Para um novo plano de vida!

Sou adeus no fim do túnel,
Sou o desespero dos condenados,
E sou a carta de alforria,
Dos tristes e abandonados!

Sou uma camisa de força,
Para os loucos da caminhada,
Que se afastam da evolução,
De forma desequilibrada!

Eu destruo o corpo físico,
Porém sem fazer mal,
Porque na outra dimensão,
O corpo é espiritual!

Sou o limite da vida,
Sou a promessa da Luz,
Sou uma guirlanda florida,
Para os discípulos de Jesus.

Sou um encontro marcado,
Com hora certa e lugar,
Eu sou o oxigênio fatal,
Que ninguém quer respirar!

Sou a sombra da noite,
Sou a saudade perdida,
Sou a claridade do dia,
E sou a continuidade da vida!

Sou o tormento dos fracos,
Sou o sussurro dos ais,
E sou o alívio arteiro,
Das doenças terminais.

Sou urna surpresa terrível,
Para as vítimas da violência,
E sou urna alegria indescritível,
Para os portadores da inocência!

Sou a prova definitiva,
De que ninguém está só,
Para o Espírito eu sou Vida,
Para o corpo eu sou o pó!

Sou a mortalha que assusta,
Sou o destino que está escrito,
Sou o perfume das flores,
Sou a imortalidade do Espírito!

Sou a quitação da dívida,
Sou o fim da moratória,
Sou a semente que germina,
Em outra faixa vibratória!

Sou um rio que deságua,
No oceano da vida,
Sou também as lágrimas que vertem,
Na hora da despedida!

Sou um vulcão que explode,
Com lavas incandescentes,
Sou a entrada gloriosa,
Nas esferas luminescentes!

Sou o medo que apavora
Sou a dúvida que tortura,
Sou o caminho secreto,
Da felicidade futura!

Sou o fio da navalha,
Representando o perigo,
Existo há milhares de anos,
E ninguém se acostuma comigo!

Sou a visita inesperada,
Quando soa a hora final,
Sou o alvará que liberta o Espírito,
Da prisão material!

Sou o fim de cada ato,
De uma peça teatral,
E sou a angústia profunda,
Dos candidatos ao umbral!

Sou a mão do Criador,
Sou apenas um apagão,
Que envolve de claridades,
Os justos de coração!

Sou o luto das viúvas,
Sou a guardiã da verdade,
Sou o fim da prepotência,
Do orgulho e da vaidade!

Sou a oportunidade divina,
Da lei cósmica universal,
E sou a prova definitiva,
Que o Espírito é imortal!

Sou a transformação maior,
Sou a vitória do Amor,
Resgatando a alma imortal,
Purificada pela dor!

Sou o fluido cósmico universal,
Que interpenetra planícies e montes,
Eu sou a cortina que se descerra,
Para novos horizontes!

Sou um jardim florido,
De orquídeas, rosas e jasmins,
Eu sou a certeza da Vida...
Não tenham medo de mim!

Sou uma vela que se apaga,
Sou a máquina que vai parar,
Com tanta escola no mundo,
Ninguém se educa para me esperar!

Sou a felicidade perene,
Para os que andam em linha reta,
Sou um adormecer tranquilo,
Sou um sono que se completa!

Sou o fim da roleta russa,
Sou o veneno fatal,
E sou a colônia de férias,
Que se chama Umbral!

Sou a maior das altitudes,
Sou a profundeza dos mares,
Sou um fenômeno simples,
Sou a mudança de ares!

Sou a renovação das plantas,
Sou a seleção de animais,
Executo a transformação,
Por processos materiais!

Todos os seres orgânicos,
Têm que passar por mim,
Apesar das aparências,
Eu nunca represento o fim!

Sou o câncer que consome,
Sou a hanseníase que apodrece,
Sou o cântico dos pássaros,
Sou a harmonia da prece!

Sou o martírio dos suicidas,
A agonia dos afogados,
E para os que são sensuais,
Sou um farol apagado!

Sou a inércia do preguiçoso,
Sou a volúpia do avarento,
Porque quando chega a hora,
Ninguém está cem por cento!

Sou a lápide numerada,
Sou cheia de mistério,
Sou a confusão do velório,
E o silêncio do cemitério!

Sou o efeito da bomba atômica,
Sou as vítimas da guerra,
E sou um sopro renovador,
Tirando os miasmas da Terra!

Sou o calor do verão,
Sou o rigor do inverno,
Os bons me encontram no "céu",
Os maus me esperam no "inferno"!

Sou a Mitologia grega,
Sou a lenda de Perseu,
Sou o Olimpo dos deuses,
Sou o fogo de Prometeu!

Sou as águas de Aqueronte,
Sou o Minotauro da vida,
Sou o mistério do véu de Isis,
Na hora da despedida!

Sou a missão de Édipo,
Sou o tonel das Danaides
Sou a espada de Dâmocles,
Que decepa as vaidades!

Sou a fonte de Hipocrene,
Sou superstição e sou mito
E sou o cavalo Pégaso,
Que voa para o Infinito!

Sou asa luminosa da liberdade,
Para os que pagam tributo de dor,
E sou as algemas do tempo
Para os que têm ódio e rancor!

Sou o esforço de luta,
Dos trabalhadores de vanguarda,
E sou cobradora implacável,
Das dívidas da retaguarda!

Sou uma cimitarra impiedosa,
Que despedaça os grandes heróis,
E sou a cortina que se descerra,
Mostrando os bilhões de sóis!

Sou o grito da liberdade,
Tirando o espírito da escravidão,
Eu conduzo seres luminosos,
Para os mundos da amplidão!

Sou a balança do destino,
Sou uma velha conhecida,
Sou um estágio obrigatório,
Em novas dimensões da vida!

Sou o despertador dos séculos,
Sou o plano do vingador,
Sou o anjo dos desgraçados,
Sou a vitória do Amor!

Sou um brado potente,
Sou a praga e a maldição,
Mas para os retos de pensamento,
Ainda sou compensação!

Sou a fonte da água pura,
Que todos têm de beber,
E sou uma tortura cruel,
Para os que têm medo de morrer!

Sou a chama que se apaga,
Das velas dos castiçais,
E sou uma luz que se acende
Em outras faixas espirituais!

Sou uma velha senhora,
Elegante e cheia de charme,
E sou a quebra das algemas,
Que prendem o Espírito à carne.

Sou a visita inesperada,
Sou a vitalidade perdida,
Sou também a continuidade
Do nascimento e da vida!

Sou uma figura impressionante,
Sou meiga, sincera e terna,
E sou a superstição
Do homem da caverna!

Sou a espera demorada,
No leito do hospital,
Sou a extinção da energia fisica,
Do fluido universal.

Sou um sorvedouro,
De um rio do mais além,
Desse redemoinho fatal,
Jamais escapa ninguém!

Ainda sou aqui na Terra,
Uma imensa Torre de Babel,
Confundindo os sorridentes,
De coração de lodo e fel!

Sou apenas um degrau,
Do sistema da imensidade,
Sou o exílio temporário,
De quem se afasta da Verdade!

Sou um anjo luminoso,
Sou a chama-viva dentro d'alma,
Sou o alívio dos tristes e abatidos,
Sou o sono reparador da calma!

Sou transcendente, sou luminosa,
Sou o silêncio do moribundo,
Sou a promessa maior,
De vida em outro mundo!

Sou um soluço de alegria,
Que ecoa do Espírito liberto,
Sou a alma livre que contempla novo dia,
Com novos horizontes e destino certo!

Sou o enigma da esfinge,
Sou a tradição dos samurais,
E sou a dor coletiva,
Das tragédias fatais!

Sou a sombra que persegue,
Os amantes do perigo,
Que não dão valor à vida,
E brincam sempre comigo!

Executo o meu trabalho,
Com pontualidade e presteza,
Devolvendo o corpo fisico,
Ao depósito da Natureza!

Falam muito mal de mim,
Mas não faço por merecer,
Os que hoje me criticam,
Um dia irão me agradecer!

Sou as escavações arqueológicas,
Sou as múmias do Egito,
Sou uma locomotiva,
Soando o último apito!

Eu tenho carta branca,
Para agir em qualquer cidade,
Trago comigo em segredo,
O código da eternidade!

Diante de minha presença,
Todos dizem amém,
Mas sou muito egoísta,
Não dou "trela pra ninguém"!

Sou uma dama solitária,
Leal, sincera e justa,
Posso chegar sorrindo,
Que minha presença assusta!

Sou aliada dos ditadores,
Na conquista do poder,
E sou a dor indefinível,
Na hora que vão morrer!

Sou o orvalho da manhã,
Sou um navio que chega ao porto,
E sou a maldade indescritível,
Dos praticantes do aborto!

Sou um lampião sem combustível,
Sou o ritual da Malásia,
E sou a desculpa esfarrapada,
De quem pratica a eutanásia!

Sou o consolo dos simples,
Dos pobres que andam ao léu,
Sou a escada luminosa de Jacó,
Que vai da Terra ao céu...

Sou o silvo da serpente,
Que destila veneno fatal,
Sou a mão fone que separa
O corpo físico do fluido vital!

Eu cumpro com os meus deveres,
E não sofro interferências,
Pois atendo sempre com presteza
Aos reclamos da consciência!

Aos vencedores da vida,
Eu sempre coloco no pódio,
Pois sou ferida purulenta,
Que une o amor ao ódio!

Sou a única certeza,
A preocupação de quem pensa,
Busco todos em toda parte,
Independente de raça ou crença!

Sou a procissão de Finados,
Sou a cerimônia do Senhor-Morto,
E sou uma angústia terrível,
Para quem só pensa no conforto!

Sou energia radiante da bomba atômica,
Eu sou o horror da guerra,
Sou o prindípio renovador,
Há milênios saneando a Terra!

Sou a confissão auricular,
Sou a bênção da extrema-unção,
Sou a catarse dos males,
Que partem do coração!

Sou uma estrada deserta,
Que todos têm que percorrer,
Depois de um sono profundo,
Continuar a viver!

Sou um carrasco implacável,
Não sei quantas vidas já ceifei,
Porque nascer,viver e morrer...
É o imperativo da Lei!

Às vezes recebo críticas,
Por ceifar vidas dos pequeninos,
Mas o rompimento das algemas de sangue,
Nos leva aos verdadeiros laços divinos!

Sou os campos de Delfos e Eleusis,
Da mediunidade sagrada,
Sou a parada obrigatória,
De uma longa caminhada!

Sou a força de Hércules,
Sou as feiticeiras de Salém,
Sou uma batalha constante,
Entre o Mal e o Bem!

Sou a feiura das Górgonas,
Sou a cabeça da Medusa horripilante,
Quem me vê se petrifica,
Na mutação santificante!

Sou a Muralha da China,
Sou o mistério do oráculo,
Sou um anjo de candura,
Sou apenas um obstáculo!

Sou uma promessa de vida,
De quem deseja a Luz,
Sou uma poeira de estrelas,
Nas pegadas de Jesus!

Sou um pesadelo cruel,
Para todos que não têm crença,
Que atravessam o mar das dúvidas,
Nas águas da indiferença!

Sou mãos invisíveis,
Que se aproximam silenciosas,
Conduzindo o cego da treva material,
Às regiões luminosas!

Sou uma deusa celeste,
Da ressurreição da vida e da plenitude,
Sou um raio de claridade,
Iluminando a virtude!

Sou o dragão que consome,
A carne liberticida,
Eliminando a mesquinhez,
Da intensidade explêndida da vida!

Sou uma incógnita solúvel,
Sou o ar puro da serra,
E sou um laço indissolúvel
Que liga o "céu" à Terra.

Sou a misericórdia da vida,
Sou um elevador que desce,
Conduzindo almas cativas,
Libertas nas sendas da prece!

Sou a vida intensa e ativa,
Sou a sepultura compacta e fria
Sou uma nova experiência,
Onde a certeza principia.

Sou a mensageira da noite,
Sou a angústia e o tormento,
Sou a liberdade do perispírito,
Sou o reflexo do pensamento!

Sou uma carapaça fluídica,
Sou campeã da igualdade,
Sou o fim da linha somática,
Sou a porta da erraticidade!

Sou um trem de passageiros,
Estou entre o Bem e o Mal,
Faço transporte direto
Para o Mundo Espiritual!

Sou a trama dos matadores,
Dos grupos de extermínio,
Sou a regressão da memória,
Sou a perda do raciocínio!

Sou o caminho do Gólgota,
Sou o sacrificjo da cruz,
Sou a ânsia do Espírito
Pedindo sempre mais luz!

Sou o efeito dos combates,
Sou o drama de Kosovo,
E sou o renascimento,
E a glória de um povo!

Sou um conto de fadas,
Sou a maldição dos feiticeiros,
Quem deseja me desvendar,
Procura agulha em palheiros!

Sou o carrasco do corpo físico,
Sou a arma da divindade,
Eu existo há milênios,
Renovando a humanidade!

Eu sou mão vigorosa,
Que fecha os olhos materiais,
E sou um sopro divino,
Que abre os olhos espirituais!

Sou o repouso do túmulo,
Sou a parada dos corações,
E sou a fronteira real,
Das profundas revelações!

Sou o estertor final,
Anunciando a última hora,
Eu sou o abandono da prisão,
Sou o alívio dos que choram!

Sou o "carma", o destino,
Sou uma bem-aventurança,
Sou as almas redimidas,
Buscando o céu da esperança!

Sou o pavor do terremoto,
Sou o conflito da rua,
Eu absorvo a energia física,
Mas a vida continua...

Sou a lei de Moisés,
Sou a passagem do Mar Vermelho,
Apesar de vigorosa,
Sou apenas um espelho!

Eu não faço distinção,
Busco pobres e notáveis,
Para cada alma humana,
Existem portos incontáveis!

Sou muito pontual,
Sou forte, sou aguerrida,
Estou sempre contribuindo
Para a multiplicação da vida!

Sou a tela derradeira,
Sou o segredo da vitória,
Sou a última chama,
Da candeia transitória!

Sou uma estrada deserta,
Sou a separação dos amores,
Sou um tapete que ornamenta,
Os caminhos redentores!

Sou o hino que se entoa,
Abafando o orgulho e a vaidade,
Sou o Espírito que se embriaga,
De paz e de imortalidade!

Eu chego sempre de mansinho,
Sou calma, não tenho pressa,
Sou o fim do caminho,
Onde a vida recomeça!

Sou amiga e benfazeja,
Sou gelada e sem calor,
Sou o farol dos navegantes
Na busca do verdadeiro amor!

Sou as trevas da noite escura,
Sou o início da saudade,
Sou uma fonte eterna e pura,
E sou a excelsa claridade!

Sou uma chama adormecida,
Da alma errante e aflita,
E sou a luz da eternidade,
Da evolução infinita!

Sou a verdade e a demência,
Sou a dor que fere e espanta,
Sou as estrelas que se sucedem,
Sou alma que chora e canta!

Sou a rebelião dos presídios,
Sou a revolta dos sem-terra,
Sou a maldição das drogas,
Sou o resíduo da guerra!

Sou a idiotia da embriaguês,
Sou o suicídio lento do fumo
Sou a moldagem do perispírito,
Imprimindo novo rumo!

Sou tinhosa e sou eclética,
Estou em qualquer lugar,
Minha missão nesse mundo,
Não sei quando vai parar!

Sou a Cordilheira dos Andes,
Sou as geleiras do Alasca,
Sou o Pico da Neblina,
Sou uma cobra que perde a casca!

Sou o casulo da lagarta,
Sou as fronteiras do além-mar,
Somente com disciplina,
A borboleta consegue voar!

Sou a sombra que acompanha,
Sou o silêncio que asfixia,
Sou o canto da madrugada,
Anunciando um novo dia!

Sou uma carcereira do tempo,
Com algemas de arrepiar,
Que oferece asas libertadoras,
Pra quem deseja voar!

Sou o descanso obrigatório,
Do viajor extenuado,
Que atravessa a sombra imensa,
E se sente recompensado!

Eu sou as flores da primavera,
Sou a harpa da esperança,
Sou o horizonte da verdade,
Aonde só o pensamento alcança!

Eu sou a fogueira da Inquisição,
Sou o perfume do incenso,
Sou a volitação do Espírito,
No espaço luminoso e imenso!

Sou a batalha das Cruzadas,
Sou as empreitadas perigosas,
E sou os cristãos do enobrecimento,
Buscando luzes harmoniosas!

Eu sou o delírio da carne,
Sou a chama apagada da pira,
Sou um furacão violento,
Soprando o ardil da mentira!

Sou o enigma da vida,
Eu sou uma porta dourada,
Que se abre por encanto,
Para a alma perturbada!

Sou o silêncio da noite,
Sou o desespero da despedida,
Sou porta que se abre,
Sou estágio entre duas vidas!

Sou a balança do destino,
Sou as ondas do mar,
Sou o remanso dos rios,
Sou a poluição do ar!

Sou o lixo das esquinas,
Gerando a bactéria,
E sou uma força divina,
Dissolvendo a matéria!

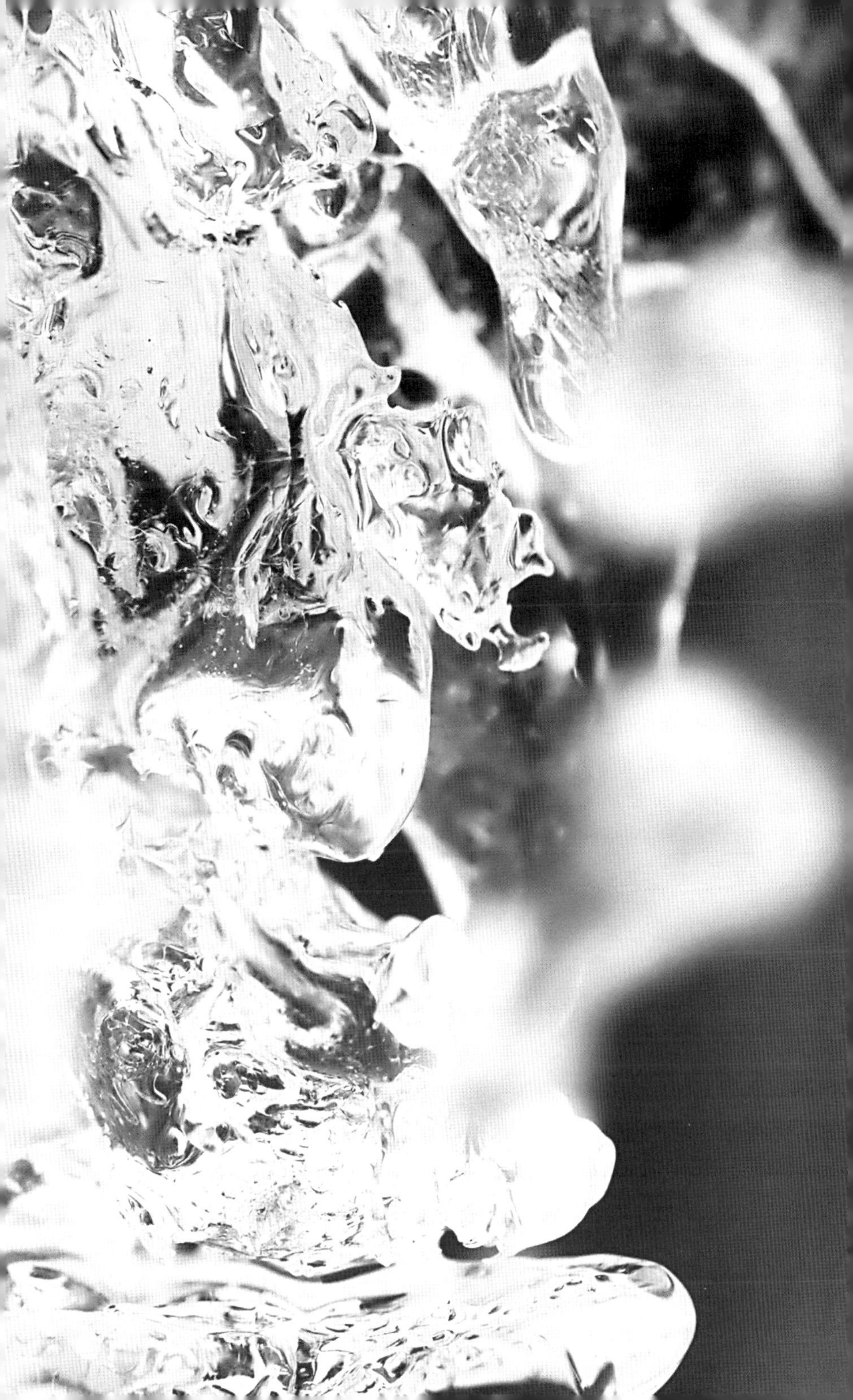

Sou o esgoto das casas,
Poluindo rios e o mar,
Sou uma menina de rua,
Que ninguém quer adotar!

Sou fonte de água pura,
A descer pela montanha,
Sou sutil e certeira,
Sou uma teia de aranha!

Sou figura implacável,
Guerreira de arma em riste,
Mas... confesso sinceramente,
O suicida me deixa triste!

Sou uma vinha de luz,
Sou o segredo do coração,
Sou a grande adormecedora,
Que traz a libertação!

Sou a justiceira do destino,
Só cumpro o que está escrito,
Sou apenas uma fronteira,
Que separa o corpo do Espírito.

Sou a aquarela do mundo,
Sou uma sinfonia musical,
Sou um rio que deságua,
No mar da Vida real!

Sou muito reservada,
Só ando às escondidas,
Sou um controle remoto
Que desliga a TV da vida!

Sou a ultrassonografia,
Sou a ressonância magnética,
Para os cultuadores da matéria,
Minha presença é patética!

Sou a pontualidade britânica,
Sou um disquete de computador,
E sou o repensor pungente,
Que faz renascer o amor!

Sou ondas eletromagnéticas,
Do rádio e da televisão,
Sou a rapidez do satélite,
Sou as entranhas da escuridão!

Sou a parceira dos sonhos,
Sou amiga da saudade,
Para uns sou a prisão,
Para outros sou a liberdade!

Sou o bem biológico,
Sou a transformação,
Sou a ânsia do espírito,
Na busca da razão.

Sou a espada de Dâmocles,
Perseguindo os agendados.
Sou a esperança real,
Dos pobres e deserdados.

Sou as folhas de outono,
Caindo naturalmente;
Sou a reflexão profunda
Nos escaninhos da mente.

Sou a cicuta fatal,
Sou a vida que se esvai,
Sou o último suspiro,
Sou um corpo que cai.

Sou semente que germina
Do outro lado da vida,
Sou os gritos de dor
na hora da despedida.

Sou um navio que vai a pique,
Sou náufrago sem salva vida,
Sou pomada benfeitora,
Cicatrizando ferida.

Sou ajustes de conta,
Sou o fim da falcatrua.
Dizem que sou o fim,
Mas a vida continua.

Quando chega a minha hora,
Todos tentam adiar;
Mas, se não gostam de mim,
Por que insistem em me chamar?!

Sou o calcanhar de Aquiles,
Sou o Velocino de Ouro,
Sou a maldade das touradas,
Sou a agonia do touro.

Sou o incêndio criminoso,
Sou um rio profundo,
Sou a ação devastadora,
Niveladora do mundo.

Sou a infâmia das cruzadas,
Sou a crueldade da inquisição,
Sou a indiferença de Pilatos,
Sou a astúcia de Napoleão.

Sou a maior altitude,
Sou a grande profundidade,
Sou transporte que deixa rastro,
De tristeza e de saudade.

Sou apenas uma ilusão,
Sou um pano de fundo,
Às vezes, passo meses ou anos
Envolvendo um moribundo.

Sou calma e sei esperar,
Não gosto dos apressados.
Só levo na hora certa;
É por isso que não agrado.

Levo a culpa de tudo,
Do que acontece de mau;
Mas, sou apenas um tempero,
Uma espécie de sal.

Sou a arma de fogo,
Em mão desequilibrada
Sou cobrança de dívida,
Contraída na retaguarda.

Sou misteriosa e fria,
Sutil e cheia de ação.
Nem sempre a minha presença
Significa libertação

Todos tentam me estudar,
Com muitos livros na mão;
Mas se esquecem de que
Meu problema é educação.

A ignorância do homem,
Impede que ele reflita
Que plantas e animais
Recebem também minha visita.

Sou a Dama da Noite,
Represento a tristeza;
Somente os iluminados
Conhecem minha beleza.

Sou o sonho tumultuado,
Sou acesso ao desconhecido,
Sou as lágrimas de mãe,
Sou os corações partidos.

Sou a inscrição na lápide
Da fria sepultura;
Sou o arquivo secreto
De cada criatura.

Sou visita inexorável,
Sou sentença sem perdão,
Sou alívio, sou alegria
Dos pobres de coração.

Sou a figura do corvo,
Sou a coruja agourenta,
Sou missa de corpo presente,
Sou a mística da água benta.

Sou queda da bastilha,
Sou a Prisão de Alcatraz;
As pessoas que eu transporto
Nem sempre descansam em paz.

Sou assunto resolvido,
Sou êxtase estonteante,
Sou mudança de dimensão,
Para a vida abundante.

Sou o fio de esperança
Da vida sem sentido,
Sou a válvula de escape
De quem se vê oprimido.

Ando sempre sozinha,
Sou calada, sou muda;
Trabalho em silêncio,
Não preciso de ajuda.

Atuo em qualquer lugar,
Sem licença e sem aval;
Sou neutra, sou sincera,
Democrática e imparcial.

Sou a bala perdida,
Sou o tiro de canhão,
Sou a porta secreta
De outra dimensão.

Sou inimiga dos médicos,
O terror das enfermeiras,
Sou a tristeza das viúvas,
O choro das carpideiras.

Sou o velório concorrido,
Sou a fria sepultura,
Sou a viagem sem volta,
Sou a doença sem cura.

Sou sombra que persegue
A vida dos condenados;
Não procuro ninguém,
Só os agendados.

Sou muito criticada
Quando levo alguém famoso...
Geralmente são pessoas
Que viviam para o gozo.

Sou o uivo do lobo,
Sou o coice do cavalo,
Sou parada obrigatória,
Sou apenas um intervalo.

Sou a porta da vida,
Sou a alegria e a felicidade,
Eu sou o fim do corpo físico,
Sou a própria eternidade!

REFERÊNCIAS SOBRE O TEMA MORTE EM **O LIVRO DOS ESPÍRITOS** E O **EVANGELHO SEGUNDO O ESPIRITISMO,** DE ALLAN KARDEC

"Os espíritos revestem, temporariamente, um envoltório material perecível, cuja destruição pela **morte** devolve-os à liberdade." (LE. Int. VI)

"O elo ou perispírito que une o corpo e o espirito é uma espécie de envoltório semimaterial. A **morte** é a destruição do envoltório mais grosseiro, o espírito conserva o segundo envoltório que constitui para ele um corpo etéreo (...)" (LE. Int. VI)

"(...) o Espiritismo está todo na existência da alma e no seu estado após a **morte** (...)" (LE. Int. VII)

"Qual é a causa da **morte** nos seres orgânicos? – 'Esgotamento dos órgãos'." (LE. Perg. 68)

"Poder-se-ia comparar a **morte** à cessação do movimento numa máquina desorganizada? – 'Sim, se a máquina está desajustada, cessa a atividade; se o corpo está enfermo, a vida se extingue'." (LE. Perg. 68a)

"Por que uma lesão do coração causa mais a **morte** do que a de outros órgãos? – 'O coração é uma máquina de vida; mas o coração não é o único órgão cuja lesão ocasiona a **morte**; ele é apenas uma das peças essenciais'." (LE. Perg. 69)

"O que se tornam a matéria e o princípio vital dos seres orgânicos, quando da **morte** destes? – 'A matéria inerte se decompõe e forma outros; o princípio vital retorna à massa'." (LE. Perg. 70)

"O corpo pode existir sem a alma? – 'Sim, entretanto, desde que o corpo cesse de viver, a alma o abandona. Antes do nascimento, ainda não há união definitiva entre a alma e o corpo; enquanto que, depois que esta união foi estabelecida, a **morte** do corpo rompe os laços que o unem à alma e esta o deixa. A vida orgânica pode animar um corpo sem alma, mas a alma não pode habitar um corpo privado da vida orgânica'." (LE. Perg. 136a)

"Por uma aberração da inteligência, há pessoas que só veem nos seres orgânicos a ação da matéria e a ela atribuem todos os nossos atos. No corpo humano, apenas viram a máquina elétrica; apenas pelo funcionamento dos órgãos, estudaram o mecanismo da vida; muitas vezes, viram-na extinguir-se pela ruptura de um fio e nada mais viram senão esse fio; procuraram saber se alguma coisa restava e, como só encontraram a matéria que se tomara inerte, como não viram a alma escapar e não puderam retê-la, daí concluíram que tudo estava nas propriedades da matéria e que, portanto, após a **morte**, apenas existe a aniquilação do pensamento; triste consequência, se assim fosse, pois, então, o bem e o mal não teriam objetivo; o homem teria razão em pensar só em si e em colocar acima de tudo a satisfação de seus prazeres materiais; os laços sociais seriam rompidos e as mais santas afeições desfeitas para sempre." (LE. Perg. 148 - Nota)

"O que se toma a alma no instante da **morte**? – 'Volta a ser espírito, isto é, volta ao mundo dos espíritos que, momentaneamente, ela havia deixado'." (LE. Perg. 149)

"A alma, após a **morte**, conserva sua individualidade? – 'Sim, jamais a perde. Que seria ela, se não a conservasse?'" (LE. Perg. 150)

"O que pensar da opinião de que, após a **morte**, a alma retorna ao todo universal? – 'O conjunto dos espíritos não forma um todo? Não constitui um mundo? Quando estás numa assembleia, és parte integrante desta assembleia e, todavia, conservas sempre a tua individualidade'." (LE. Perg. 151)

"Que prova podemos ter da individualidade da alma, após a **morte**? – 'Não tendes esta prova, através das comunicações que recebeis? Se não fôsseis cegos, veríeis; se não fôsseis surdos, ouviríeis; pois, com muita frequência, uma voz vos fala e vos revela a existência de um ser que está fora de vós'." (LE. Perg. 152)

"Os que pensam que, com a **morte**, a alma volta para o todo universal estão errados, se com isso entendem que, semelhante a uma gota d'água que cai no oceano, ela aí perde sua individualidade; estão certos, se entendem por todo universal o conjunto dos seres incorpóreos do qual cada alma ou espírito é um elemento." (LE. Perg. 152 - Nota)

"Se, após a **morte**, só houvesse o que se chama de o grande Todo, absorvendo todas as individualidades, este Todo seria uniforme e, então, todas as comunicações que se recebessem do mundo invisível seriam idênticas. Visto que lá se encontram seres bons, outros maus, sábios e ignorantes, felizes e infelizes; que os há de todos os caracteres; alegres e tristes, levianos e profundos, etc., é, evidentemente, porque são seres distintos." (LE. Perg. 152 - Nota)

"A separação da alma e do corpo é dolorosa? —'Não; frequentemente, o corpo sofre mais durante a vida, do que no momento da **morte**: a alma disso não participa. Os sofrimentos que, algumas vezes, se experimentam no momento da **morte**, são um gozo para o espírito, que vê chegar o término do seu exílio'." (LE. Perg. 154)

"Na **morte** natural, a que sobrevém pelo esgotamento dos órgãos, em consequência da idade, o homem deixa a vida sem disto se aperceber: é um lampião que se apaga, por falta de combustível." (LE. Perg. 154 - Nota)

"A separação se opera instantaneamente e por uma brusca transição? Há uma linha de demarcação nitidamente traçada entre a vida e a **morte**? – 'Não; a alma se desprende gradualmente e não escapa, como um pássaro cativo, restituído, subitamente, à liberdade. Esses dois estados se tocam e se confundem; assim, o espírito se desprende, pouco a pouco, de seus laços: eles se desatam, não se quebram." (LE. Perg. L55a)

"Durante a vida, o espírito se prende ao corpo por seu envoltório semimaterial ou perispírito; a **morte** é a destruição do corpo somente, e não a deste segundo envoltório, que se separa do corpo, quando nele cessa a vida orgânica. A observação prova que, no instante da **morte**, o desprendimento do perispírito não se completa subitamente; ele só gradualmente se opera e com uma lentidão muito variável, confome os indivíduos; em uns ele é bastante rápido e pode-se dizer que o momento da **morte** é também

o da libertação, diferindo em algumas horas; porém, em outros, sobretudo naqueles cuja vida foi toda material e sensual, o desprendimento é muito menos rápido e dura, algumas vezes, dias, semanas e até meses, o que não implica existir no corpo a menor vitalidade, nem a possibilidade de um retorno à vida, mas, uma simples afinidade entre o corpo e o espírito, afinidade que está sempre em razão da preponderância que, durante a vida, o espírito deu à matéria. Com efeito, é racional conceber que quanto mais o espírito se haja identificado com a matéria, mais tenha dificuldade de se separar dela; enquanto que a atividade intelectual e moral, a elevação dos pensamentos operam um começo de desprendimento, mesmo durante a vida do corpo e, quando a **morte** chega, ele é quase instantâneo. Este é o resultado dos estudos feitos em todos os indivíduos observados, no momento da **morte**. Estas observações provam, ainda, que a afinidade que, em alguns indivíduos, persiste entre a alma e o corpo é, algumas vezes, muito penosa, pois o espírito pode experimentar o horror da decomposição. Este caso é excepcional e próprio a certos gêneros de vida e a certos gêneros de **morte**; ele se apresenta em alguns suicidas."
(LE. Perg. 155a - Nota)

"No momento da **morte**, a alma tem, algumas vezes, uma aspiração ou êxtase que lhe faz entrever o mundo para onde vai retornar? – 'Frequentemente, a alma sente quebrarem-se os elos que a prendem ao corpo; faz, então, todos os esforços para rompê-los inteiramente. Já em parte desprendida da matéria, vê o futuro desenrolar-se diante de si e goza, por antecipação, do estado de espírito'." (LE. Pena, 155a - Nota)

"O exemplo da lagarta que, primeiramente, se arrasta pela terra, depois, encerra-se na sua crisálida sob uma **morte** aparente, para renascer com uma existência brilhante, pode dar-nos uma ideia da vida terrestre, depois do túmulo e, finalmente, de nossa nova existência? 'Uma pequena ideia. A imagem é boa; no entanto, é preciso não a tomar ao pé da letra, como frequentemente vos acontece'." (LE. Perg. 158)

"Na **morte** violenta e acidental, quando os órgãos ainda não se enfraqueceram pela idade ou as doenças, a separação da alma e a cessação da vida acontecem simultaneamente? – "Geralmente assim é, porém, em todos os casos, o instante que as separa é muito curto'." (LE, Perg. 161)

"Após a decapitação, por exemplo, o homem conserva, durante alguns instantes, a consciência de si mesmo? – 'Muitas vezes ele a conserva durante alguns minutos, até que a vida orgânica esteja completamente extinta. Porém, frequentemente também, a apreensão da **morte** o faz perder essa consciência antes do instante do suplício.' Nota: "Trata-se, aqui, apenas da consciência que o supliciado pode ter de si mesmo, como homem e por intermédio dos órgãos, e não como espírito. Se não perdeu essa consciência antes do suplício, pode, então, conservá-la por alguns brevíssimos instantes. Ela cessa, necessariamente, com a vida orgânica do cérebro, o que não implica que o perispírito esteja inteiramente desligado do corpo; ao contrário, em todos os casos de **morte** violenta, quando ela não se deu pela extinção gradual das forças vitais, os elos que unem o corpo ao perispírito são mais tenazes e o desligamento completo é mais lento." (LE. Perg. 162 e Nota)

"No momento da **morte**, tudo, a princípio, é confuso; a alma necessita de algum tempo para se reconhecer; ela se encontra como que aturdida e no estado de alguém que sai de um sono profundo e procura tomar consciência de sua situação. A lucidez das ideias e a memória do passado lhe voltam, à medida que a influência da matéria, da qual acaba de se desligar, se apaga e que a espécie de névoa que obscurece os seus pensamentos se dissipa.

A duração da perturbação que se segue à **morte** é muito variável; pode ser de algumas horas, como de vários meses e, até, de vários anos. E menos longa naqueles que, enquanto vivos, identificaram-se com o seu estado futuro, porque, então, compreendem, imediatamente, sua posição.

Essa perturbação apresenta circunstâncias particulares, conforme o caráter dos indivíduos e, principalmente, segundo o gênero de **morte**. Nas **mortes** violentas, por suicídio, suplício, acidente, apoplexia, ferimentos, etc., o espírito fica surpreso, espantado e não acredita estar morto; sustenta-o com obstinação; entretanto, vê o seu corpo, sabe que aquele corpo é o seu e não compreende que esteja separado dele; vai para junto das pessoas que estima, fala-lhes e não compreende por que elas não o ouvem. Esta ilusão perdura até o completo desligamento do perispírito; somente, então, o espírito se reconhece e compreende que não faz mais parte dos vivos. Este fenômeno se explica facilmente. Surpreendido de improviso pela **morte**, o espírito fica atordoado com a brusca mudança que nele se operou; para ele, a **morte** ainda é sinônimo de destruição, de aniquilamento; ora, como ele pensa, vê, ouve, no seu entender, não está morto; o que aumenta sua ilusão é que se vê com um corpo semelhante ao precedente, quanto à forma, porém, cuja natureza etérea ainda não teve tempo de examinar; julga-o sólido e compacto como o primeiro e, quando chamam sua atenção para esse ponto, espanta-se de não poder apalpá-lo. Este fenômeno é análogo ao dos sonâmbulos novatos que não creem dormir. Para eles, o sono é sinônimo de suspensão das faculdades; ora, como pensam livremente e veem, para eles, não dormem. Alguns espíritos apresentam esta particularidade, embora a **morte** não lhes tenha ocorrido inopinadamente; ela, porém, é sempre mais comum naqueles que, embora doentes, não pensavam em morrer. Vê-se, então, o espetáculo singular de um espírito que assiste ao próprio enterro, como se fosse o de um estranho e falando disso, como de algo que não lhe dissesse respeito, até o momento em que compreende a verdade.

A perturbação que se segue à **morte** nada tem de penosa para o homem de bem; conserva-se calmo e semelhante em tudo àquele que experimenta um despertar tranquilo. Para aquele cuja consciência não está pura, ela é cheia de ansiedade e de angústias, que aumentam, à medida que ele se reconhece.

Nos casos de **morte** coletiva, tem sido observado que todos aqueles que perecem ao mesmo tempo, nem sempre se reveem imediatamente. Na perturbação que se segue à **morte**, cada um vai para o seu lado, ou só se preocupa com aqueles que lhe interessam." (LE. Perg. 165 - Nota)

"Todos os espíritos tendem para a perfeição e Deus lhes fornece os meios, através das provas da vida corporal; porém, na sua justiça, concede-lhes efetuar, em novas existências, o que não puderam fazer ou concluir numa primeira prova." Não seria conforme a equidade, nem conforme a bondade de Deus, castigar para sempre aqueles que encontraram obstáculos ao seu melhoramento, além de sua vontade e no próprio meio em que se achavam colocados. Se a sorte do homem fosse irrevogavelmente fixada, após sua, Deus não teria pesado as ações de todos na mesma balança e não os teria, absolutamente, tratado com imparcialidade." (LE. Perg. 171 - Nota)

" A depuração dos espíritos conduz os seres, nos quais estão encarnados, ao aperfeiçoamento moral. As paixões animais se enfraquecem e o egoísmo dá lugar ao sentimento fraterno. É asim que, nos mundos superiores à Terra, as guerras são desconhecidas; lá, os ódios e as discórdias não têm sentido, porque ninguém pensa em prejudicar seu semelhante. A intuição que têm do futuro, a segurança que lhes advém de uma consciência isenta de remorsos, fazem com que a **morte** não lhes cause apreensão; eles a encaram sem temor e como uma simples transformação" (LE. Perg. 182 - Nota)

"Por que a vida é, frequentemente, interrompida na infância? — 'A duração da vida da criança pode ser, para o espírito que nela está encarnado, o complemento de uma existência interrompida, antes do termo desejado, e sua **morte** é, frequentemente, uma prova ou uma expiação para os pais'." (LE. Perg. 199)

"(...) Supomos que nos dirigimos a pessoas que acreditam num futuro qualquer, depois da **morte**, e não àqueles que se dão como perspectiva o nada, ou que desejam afogar sua alma num todo universal, sem individualidade, como as gotas de chuva no oceano, o que dá quase no mesmo. Se, portanto, acreditais num futuro qualquer, não admitis, certamente, que ele seja o mesmo para todos, de outro modo, onde estaria a utilidade do bem? Por que constranger-se? Por que não satisfazer todas as suas paixões, todos os seus desejos, mesmo que fosse às custas de outrem, visto que não ficaria melhor nem pior por isso? Credes que esse futuro será mais ou menos feliz ou desgraçado, conforme o que tivermos feito durante a vida; e então, tendes o desejo de aí serdes tão feliz quanto possível, visto que isto deve ser pela eternidade? Teríeis, por acaso, a pretensão de ser um dos homens mais perfeitos que tenham existido na Terra e de ter, assim, de repente, direito à felicidade suprema dos eleitos? Não. Admitis, então, que há homens que valem mais do que vós e que têm direito a um lugar melhor, sem que por isso estejais entre os excluídos. Pois bem!

Colocai-vos um instante, pelo pensamento, nessa situação intermediária que será a vossa, como acabais de convir e suponhais que alguém venha vos dizer:

Sofreis, não sois tão felizes quanto poderíeis ser, ao passo que tendes diante de vós seres que gozam de uma felicidade sem mescla; quereis trocar vossa posição com a deles? — Sem dúvida, diríeis; o que é preciso fazer? — Quase nada; recomeçar o que fizeste mal feito e tentar fazer melhor. — Hesitaríeis em aceitar, mesmo que fosse ao preço de várias existências de provação? Façamos uma comparação mais prosaica.

Se, a um homem que, sem estar na extrema miséria, experimenta, entretanto, privações, em consequência da escassez de recursos, viessem dizer: Eis aqui uma imensa fortuna, podeis dela gozar, é preciso, para isso, trabalhar, arduamente, durante um minuto. Mesmo que fosse o mais preguiçoso da Terra, diria sem hesitar: Trabalhemos um minuto, dois minutos, uma hora, um dia; se for preciso; que importância tem isso, se eu terminar minha vida na abundância? Ora, o que é a duração da vida corporal, com relação à eternidade? Menos que um minuto, menos que um segundo." (LE. Questao 222)

"Os espíritos conhecem o futuro? – 'Isto depende, ainda, do aperfeiçoamento deles; frequentemente, eles apenas o entreveem, porém nem sempre lhes é permitido revelá-lo; quando o veem, parece-lhes presente. O espírito vê o futuro mais claramente, à medida que se aproxima de Deus. Depois da **morte**, a alma vê e abarca, num piscar de olhos, suas migrações passadas, mas não pode ver o que Deus lhe prepara; para isso, é preciso que ela esteja inteiramente integrada a ele, após muitas existências'." (LE. Perg. 243)

ENSAIO TEÓRICO SOBRE A SENSAÇÃO NOS ESPÍRITOS

"O corpo é o instrumento da dor; se não é a causa primeira, é, pelo menos, a causa imediata. A alma tem a percepção dessa dor: esta percepção é o efeito. A lembrança que dela conserva pode ser muito penosa, mas não pode ter ação física. Com efeito, nem o frio, nem o calor podem desorganizar os tecidos da alma; a alma não pode enregelar-se, nem queimar-se. Não vemos, todos os dias, a recordação ou a apreensão de um mal fisico produzirem o efeito real? Ocasionar até a **morte**? Todo mundo sabe que as pessoas amputadas sentem dor no membro que não existe mais. Certamente, não está, nesse membro, a sede, nem mesmo o ponto de partida da dor; foi o cérebro que conservou-lhe a impressão, apenas isto. Pode-se, portanto, admitir que haja alguma coisa análoga nos sofrimentos do espírito, após a **morte**. Um estudo mais aprofundado do perispírito, que desempenha um papel tão importante em todos os fenômenos espíritas: nas aparições vaporosas ou tangíveis, no estado do espírito, no momento da **morte**; na ideia tão frequente de que ainda está vivo; o quadro tão comovente dos suicidas, dos supliciados, das pessoas que se deixaram absorver pelos gozos materiais e tantos outros fatos, que vieram lançar a luz sobre esta questão e proporcionaram explicações que resumimos aqui.

O perispírito é o elo que une o espírito à matéria do corpo; ele é haurido do meio ambiente, do fluido universal; participa, ao mesmo tempo, da eletricidade, do fluido magnético e, até um certo ponto, da matéria inerte. Poder-se-ia dizer que é a quintessência da matéria; é o princípio da vida orgânica, mas não o é da vida intelectual: a vida intelectual está no espírito. É, além disso, o agente das sensações exteriores. No corpo, a recepção destas sensações localiza-se nos órgãos que lhes servem de canais. Destruído o corpo, as sensações tomam-se gerais. Eis por que o espírito não diz que sofre mais da cabeça do que dos pés. É preciso, ainda, evitar confundir as sensações do perispírito, que se tomou independente, com as do corpo: só podemos tomar estas últimas como termo de comparação e, não, como analogia. Liberto do corpo, o espírito pode sofrer; este sofrimento, porém, não é o do corpo. Não é, entretanto, um sofrimento exclusivamente moral, como o remorso, já que se queixa do frio e do calor; ele não sofre mais no inverno do que no verão: temo-los visto passar através das chamas, sem nada experimentar de penoso; a temperatura não lhes causa, portanto, impressão alguma. A dor que sentem não é, pois, propriamente, uma dor fisica: é um vago sentimento íntimo, do qual o próprio espírito nem sempre se apercebe com clareza, precisamente porque a dor não é localizada e porque não é produzida por agentes exteriores: é muito mais uma recordação do que uma realidade, uma reminiscência, igualmente, muito penosa. Todavia, algumas vezes, há mais do que uma lembrança, como vamos ver.

A experiência nos ensina que, no momento da **morte**, o perispírito se desliga, mais ou menos lentamente, do corpo; durante os primeiros instantes, o espírito não encontra explicação para a sua situação; não acredita estar morto; sente-se vivo; vê seu corpo ao lado, sabe que lhe pertence e não compreende que dele esteja separado; este estado dura, enquanto houver um elo entre o corpo e o perispírito. Um suicida nos dizia: 'Não, não estou morto'. E acrescentava: 'entretanto, sinto os vermes a me roerem.' Ora, certamente, os vermes não roíam o perispírito e, menos ainda, o espírito; roíam apenas o corpo. Mas, como a separação do corpo e do perispírito não era completa, daí resultava uma espécie de repercussão moral, que lhe transmitia a sensação daquilo que se passava com o corpo. Repercussão, talvez não seja a palavra certa, porque poderia levar a acreditar num efeito muito material; era muito mais a visão do que se passava com o seu corpo, ao qual seu perispírito o prendia, que nele produzia uma ilusão, que ele tomava por realidade.

Desse modo, não era uma reminiscência, já que, durante sua vida, ele não tinha sido roído pelos vermes: era o sentimento de um fato atual. Vê-se, desta forma, as deduções que podemos fazer dos fatos, quando atentamente observados. Durante a vida, o corpo recebe as impressões exteriores e as transmite ao espírito por intermédio do perispírito, que constitui, provavelmente, o que se chama de fluido nervoso. Estando morto o corpo, nada mais sente, porque nele não há mais espírito, nem perispírito. O perispírito, liberto do corpo, experimenta a sensação; porém, como ela não lhe chega mais através de um canal limitado, toma-se geral. Ora, como o perispírito é apenas um agente de transmissão, visto que é o espírito que possui a consciência, daí resulta que, se pudesse existir um perispírito sem espírito, ele não sentiria mais do que o corpo quando está morto; da mesma forma que, se o espírito não tivesse perispírito, seria inacessível a qualquer sensação penosa; é o que acontece com os espíritos completamente purificados. Sabemos que, quanto mais eles se depuram, mais etérea se toma a essência do perispírito; donde se conclui que a influência material diminui, à medida que o espírito progride, isto é, à medida que o próprio perispírito se toma menos grosseiro.

Mas, dir-se-á, as sensações agradáveis são transmitidas ao espírito através do perispírito, assim como as sensações desagradáveis; ora, se o espírito puro é inacessível a umas, deve sê-lo, igualmente, às outras. Sim, sem dúvida, relativamente àquelas que provêm unicamente da influência da matéria que conhecemos; o som dos nossos instrumentos, o perfume das nossas flores não lhe causam impressão alguma e, todavia, há nele sensações íntimas, de um encanto indefinível de que não podemos fazer a menor ideia, porque somos, a esse respeito, como cegos de nascença, diante da luz; sabemos que isso existe, mas através de que meio? Aí cessa nossa ciência. Sabemos que possui percepção, sensação, audição, visão; que estas faculdades são atributos de todo o ser e, não, como no homem, de uma parte do ser; mas, ainda uma vez, através de que intermediário? E o que não sabemos. Os próprios espíritos não podem nos explicar, porque nossa linguagem não é feita para exprimir ideias que não possuímos, precisamente como a linguagem dos selvagens não possui termos para exprimir nossas artes e nossas doutrinas filosóficas.

Ao dizer que os espíritos são inacessíveis às impressões da nossa matéria, queremos falar dos espíritos muito elevados, cujo envoltório etéreo não tem analogia neste mundo. O mesmo não se dá com aqueles cujo perispírito é mais denso; estes percebem nossos sons e odores, não, porém, através de uma parte limitada de sua individualidade, como quando estavam vivos. Poder-se-ia dizer que as vibrações moleculares se fazem sentir em todo o seu ser e lhes chegam, assim, ao *sensorium commune*, que é o próprio espírito, embora de uma maneira diferente e, talvez, também com uma impressão diferente, o que produz uma modificação na percepção. Eles ouvem o som da nossa voz e, todavia, nos compreendem sem o auxílio da palavra, somente pela transmissão do pensamento; e, o que vem apoiar o que dizemos, é que essa penetração é tanto mais fácil, quanto mais desmaterializado é o espírito. Quanto à visão, ela independe de luz, como a nossa. A faculdade de ver é um atributo essencial da alma: não há obscuridade para ela; porém é mais extensa, mais penetrante naqueles que são mais purificados. A alma, ou espírito, possui, portanto, em si mesma, a faculdade de todas as percepções; na vida corporal, elas são obliteradas pela grosseria dos nossos órgãos; na vida extracorpórea, elas o são cada vez menos, à medida que se sutiliza o envoltório semimaterial

Esse envoltório, haurido no meio ambiente, varia, conforme a natureza dos mundos. Passando de um mundo ao outro, os espíritos mudam de envoltório como mudamos de roupa, ao passar do inverno para o verão, ou do polo ao Equador. Os espíritos mais elevados, quando vêm nos visitar, revestem, portanto, o perispírito terrestre e, então, suas percepções se produzem como nos nossos espíritos comuns; todos, porém, inferiores e superiores, só ouvem e sentem o que querem ouvir e sentir. Sem possuir órgãos sensitivos, podem, à vontade, tornar suas percepções ativas ou nulas; apenas uma coisa são forçados a ouvir: são os conselhos dos bons espíritos. A visão é sempre ativa, mas eles podem, reciprocamente, tornar-se invisíveis uns aos outros. Conforme a categoria que ocupem, podem ocultar-se daqueles que lhes são inferiores, mas não daqueles que lhes são superiores. Nos primeiros momentos que se seguem à **morte**, a visão do espírito é sempre turvada e confusa; clareia-se, à medida que ele se liberta, e pode adquirir a mesma nitidez que possuía durante a vida, independentemente de sua penetração através dos corpos que, para nós, são opacos. Quanto à sua extensão através do espaço indefinido, no futuro e no passado, ela depende do grau de pureza e de elevação do espírito.

Toda essa teoria, dir-se-á, não é tranquilizadora. Pensávamos que, uma vez desligados do nosso grosseiro envoltório, instrumento de nossas dores, não sofreríamos mais e eis que nos informais que ainda sofremos; de uma forma ou de outra, o sofrimento continua. Ai de nós! Sim, podemos sofrer ainda, muito e durant e longo tempo, mas podemos também não sofrer mais, desde o instante mesmo em que deixamos a vida corporal.

Os sofrimentos deste mundo independem, algumas vezes, de nós; muitos, porém, são consequências da nossa vontade. Que se remonte à fonte e ver-se-á que o maior número deles é o efeito de causas que teríamos podido evitar. Quantos males, quantas enfermidades, o homem não deve aos seus excessos, à sua ambição, numa palavra: às suas paixões? O homem que sempre tivesse vivido sobriamente, que de nada tivesse abusado, que sempre tivesse sido simples nos seus gostos, modesto nos seus desejos, evitaria muitas tribulações. O mesmo se dá com o espírito; os sofrimentos que suporta são sempre a consequência da maneira como viveu na Terra; certamente, não sofrerá mais de gota, nem de reumatismos, mas terá outros sofrimentos equivalentes. Vimos que seus sofrimentos são o resultado dos elos que ainda existem entre ele e a matéria; que quanto mais liberto da influência da matéria, ou melhor, quando mais desmaterializado, menos sensações penosas experimentará; ora, depende dele o libertar-se dessa influência, desde esta vida; ele tem seu livre-arbítrio e, por conseguinte, a escolha entre fazer e não fazer; que ele dome suas paixões animais, que não tenha ódio, nem inveja, nem ciúme, nem orgulho; que não seja dominado pelo egoísmo; que purifique sua alma, através dos bons sentimentos; que faça o bem; que não dê às coisas deste mundo senão a importância que merecem; então, embora sob o envoltório corporal, já se encontrará depurado, já se achará desligado da matéria e, quando deixar esse envoltório, não lhe experimentará mais a influência; os sofrimentos físicos que suportou nenhuma recordação dolorosa lhe deixam; nenhuma impressão desagradável lhe resta, porque apenas afetaram o corpo e, não, o espírito; ele fica feliz por ter-se libertado deles e a paz de sua consciência o liberará de qualquer sofrimento moral. Interrogamos, aos milhares, espíritos que pertenceram a todas as classes da sociedade, a todas as posições sociais; nós os estudamos em todos os períodos de sua vida espiritual, desde o instante em que deixaram seus corpos; nós os seguimos, passo a passo, nessa vida de além-túmulo, para observar as mudanças que neles se operavam, nas suas ideias, nas suas sensações e, sob esse aspecto, os homens mais comuns não foram os que nos forneceram os temas de estudo menos preciosos. Ora, sempre vimos que os sofrimentos estão relacionados com a conduta cujas consequências eles experimentam, e que essa nova existência é a fonte de uma felicidade inefável para aqueles que seguiram o bom caminho; donde se conclui que aqueles que sofrem, assim o quiseram, logo só devem culpar a si mesmos, tanto no outro mundo, quanto neste."

(LE. Questão 257)

"O espírito faz sua escolha imediatamente após a **morte**? – 'Não, muitos acreditam na eternidade das penas; já vos dissemos: é um castigo'." (LE. Perg. 263)

"Como os homens que se conheceram, na Terra, se reconhecem, no mundo dos espíritos? – 'Vemos nossa vida passada e nela lemos como num livro; vendo o passado de nossos amigos e de nossos inimigos, vemos a passagem deles da vida à **morte**'." (LE. Perg. 285a)

"Os parentes e os amigos sempre se reúnem, depois da **morte**? – 'Isto depende da elevação deles e do caminho que percorrem para o seu adiantamento. Se um deles está mais adiantado e caminha mais rápido que o outro, não poderão permanecer juntos; poderão ver-se, algumas vezes, mas só estarão reunidos para sempre, quando puderem caminhar lado a lado, ou quando tiverem chegado à igualdade em aperfeiçoamento. E, além disso, a privação de ver seus parentes e seus amigos é, algumas vezes, uma punição'." (LE. Perg. 290)

"Que sentimento experimentam, depois da **morte**, aqueles a quem fizemos mal neste mundo? – 'Se são bons, perdoarão, conforme o vosso arrependimento. Se são maus, podem conservar ressentimento e, algumas vezes, vos perseguirem até numa outra existência. Deus pode permiti-lo, como castigo'." (LE. Perg. 295)

"A lembrança da existência corporal se apresenta ao espírito de maneira completa e inesperada, depois da **morte**? – 'Não; ela lhe retoma, pouco a pouco, como alguma coisa que surge do nevoeiro, à medida que nela fixa sua atenção'." (LE. Perg. 305)

"Aquele que iniciou grandes trabalhos com um fim útil e os vê interrompidos pela **morte**, lamenta, no outro mundo, tê-los deixado inacabados? – 'Não, porque vê que outros estão destinados a concluí- los. Tenta, ao contrário, influenciar outros espíritos humanos a continuá-los. Seu objetivo, na Terra, era o bem da Humanidade; este objetivo permanece o mesmo no mundo dos espíritos'." (LE Perg. 314)

"Os espíritos conservam, depois da **morte**, o amor pela pátria? – 'O princípio é sempre o mesmo: para os espíritos elevados, a pátria é o Universo; na Terra, ela está onde houver mais pessoas que lhes sejam simpáticas'," (LE. Perg. 317)

"Qual a origem do desejo de certas pessoas de serem enterradas num lugar de preferência a um outro? Elas aí retornam com mais boa vontade, após sua **morte**? E essa importância atribuida a uma coisa material é um sinal de inferioridade do espírito? –'Afeição do espírito por alguns lugares; inferioridade moral. O que representa um canto de terra mais do que outro, para o espírito elevado? Ele não sabe que sua alma se reunirá àqueles que ama, mesmo que seus ossos estejam separados?'" (LE. Perg. 325)

"A alma, ao retornar à vida espiritual, é sensível às honras prestadas ao seu despojo mortal? – 'Quando o espírito já chegou a um certo grau de perfeição, não tem mais vaidade terrestre e compreende a futilidade de todas essas coisas; porém, fica sabendo que, frequentemente, há espíritos que, nos primeiros momentos de sua **morte** material, experimentam um grande prazer com as honras que lhes prestam, ou um aborrecimento, com o pouco caso pelo seu envoltório, pois ainda conservam alguns dos preconceitos desse mundo'." (LE. Perg. 326)

"A reencarnação é, então, uma necessidade da vida espiritual, como a **morte** é uma necessidade da vida corporal? – 'Certamente; é assim mesmo'." (LE. Perg. 330a)

"O momento da encarnação é acompanhado de uma perturbação semelhante àquela que se dá, quando da desencarnação? – 'Muito maior e, sobretudo, mais longa. Com a **morte**, o espírito sai da escravidão; com o nascimento, entra para ela'." (LE. Perg. 339)

"O instante em que um espírito deve encarnar é, para ele, um instante solene? Executa esse ato como uma coisa grave e importante para ele? – 'Ele é como um viajante que embarca para uma travessia perigosa e não sabe se encontrará a **morte**, nas ondas que afronta'." (LE. Perg. 340)

"(...) Assim como a **morte** do corpo é uma espécie de renascimento para o espírito, a reencarnação é, para este, uma espécie de **morte**, ou melhor, de exílio e de clausura. Ele deixa o mundo dos espíritos pelo mundo corporal, como o homem deixa o mundo corporal pelo mundo dos espíritos. O espírito sabe que reencarnará, como o homem sabe que morrerá; porém, como este, disso só tem consciência no último momento, quando chega o tempo apropriado; então, nesse instante supremo, a perturbação se apodera dele, como no homem que está em agonia, e essa perturbação persiste até que a nova existência esteja nitidamente constituída. A proximidade da reencarnação representa uma espécie de agonia, para o espírito." (LE. Perg. 340 – Nota)

"Que utilidade pode ter, para um espírito, sua encarnação num corpo que morre poucos dias depois do seu nascimento? — 'O ser não tem a consciência de sua existência bastante desenvolvida. A importância da **morte** é quase nula; é, frequentemente, como o dissemos, uma prova para os pais'." (LE. Perg. 347)

"Donde se origina a ideia de que a loucura leva, algumas vezes, ao suicídio? — 'O espírito sofre pelo constrangimento que experimenta e pela impotência em que está de manifestar-se livremente, é por isso que procura, na **morte**, um meio de quebrar seus elos'." (LE. Perg. 376)

"O espírito do alienado se ressente, após a **morte**, da desorganização de suas faculdades? — 'Pode ressentir-se, durante algum tempo, após a **morte**, até que esteja completamente desligado da matéria, como o homem que desperta se ressente, por algum tempo, da perturbação em que o sono o mergulhou'." (LE. Perg. 377)

"Como a alteração do cérebro pode reagir sobre o espírito, depois da **morte**? – 'É uma recordação; um peso oprime o espírito e, como ele não teve a compreensão de tudo o que se passou durante a sua loucura, sempre lhe é necessário um certo tempo, para pôr-se a par de tudo; é por isso que, quanto mais durar a loucura durante a vida, mais tempo durará a dificuldade, o constrangimento após a **morte**, O espírito liberto do corpo se ressente, por algum tempo, da impressão dos seus vinculos." (LE. Perg. 378)

"Com a **morte** da criança, o espírito retoma imediatamente seu vigor anterior? – 'Ele deve fazê-lo, já que está desembaraçado de seu envoltório carnal; todavia, só retoma sua lucidez anterior, quando a separação se completa, isto é, quando não mais existe elo algum, entre o espírito e o corpo." (LE. Perg. 381)

"(...) O sono liberta, parcialmente, a alma do corpo. Quando dormimos, ficamos, durante certo tempo, no estado em que nos encontraremos, de uma maneira fixa, depois da **morte**. Os espíritos que rapidamente se desligaram da matéria, por ocasião de sua **morte**, tiveram sonos inteligentes; esses, quando dormem, juntam-se à sociedade dos outros seres superiores a eles; com eles viajam, conversam e se instruem; trabalham mesmo em obras que, ao morrerem, acham-se inteiramente concluídas. Isto deve vos ensinar, ainda uma vez, a não temer a **morte**, visto que morreis todos os dias, segundo a palavra de um santo.

Isto, para os espíritos elevados; mas, quanto à massa dos homens que, por ocasião da **morte**, têm de permanecer longas horas nessa perturbação, nessa incerteza de que já vos falaram, estes vão, ora para mundos inferiores à Terra, onde antigas afeições os chamam, ora em busca dos prazeres talvez ainda mais baixos do que aqueles que aqui têm; vão haurir doutrinas ainda mais vis, mais ignóbeis, mais nocivas do que as que professam no vosso meio." (LE. Perg. 402 – Nota)

"O espírito encarnado, nos momentos em que está desprendido da matéria e age como espírito, sabe a época de sua **morte**? – 'Frequentemente, ele a pressente; algumas vezes, disso tem a consciência bem nítida e é o que, no estado de vigília, lhe dá a intuição; daí resulta que certas pessoas preveem, por vezes, sua **morte**, com uma grande exatidão'." (LE. Perg. 411)

"Uma pessoa que julgasse morto um de seus amigos, embora não o estivesse, poderia encontrar-se com ele, em espírito, e saber, assim, que ele estava vivo? Poderia, neste caso, ter a intuição disto, ao despertar? 'Como espírito, ela pode, certamente, vê-lo e conhecer sua situação; se não lhe tiver sido imposto, como prova, crer na **morte** de seu amigo, ela terá um pressentimento de sua existência, como poderá ter o de sua **morte**'." (LE. Perg. 418)

"Na letargia, o espírito pode se separar inteiramente do corpo, de maneira a dar-lhe todas as aparências da **morte** e a ele retornar, depois? — 'Na letargia, o corpo não está morto, visto que há funções que se efetuam; a vitalidade dele se encontra em estado latente como na crisálida e, não, aniquilada; ora, o espírito está unido ao corpo, enquanto este vive; uma vez rompidos os laços, pela **morte** real e a desagregação dos órgãos, a separação é completa e o espírito a ele não mais retorna. Quando um homem que tem as aparências da **morte**, retoma à vida, é que a **morte** não era completa'." (LE. Perg. 423)

"As faculdades de que o sonâmbulo goza são as mesmas que tem o espírito, após a **morte**? – 'Até um certo ponto, pois é preciso levarem conta a influência da matéria, a que ainda está ligado'." (LE, Perg. 434)

"O uso que um sonâmbulo faz da sua faculdade influi no estado de seu espírito, depois da **morte**? – "Muito, como o bom ou o mau uso de todas as faculdades que Deus deu ao homem'." (LE. Perg. 438)

"O espírito protetor está ligado ao indivíduo, desde o seu nascimento? – 'Desde o nascimento até a **morte** e, frequentemente, acompanha-o, depois da **morte**, na vida espiritual, e até em várias existências corporais, pois estas existências são apenas fases bem curtas, com relação ávida do espírito'." (LE Perg. 438)

"No tumulto do combate, o que acontece com os espíritos que sucumbem? Interessam-se ainda pelo combate, após a **morte**? – 'Alguns se interessam por ele, outros dele se afastam'." (LE. Perg. 546)

"A alma dos animais conserva, depois da **morte**, sua individualidade e a consciência de si mesma? – 'Sua individualidade, sim; não, porém, a consciência do seu eu. A vida inteligente permanece em estado latente'." (LE. Perg. 598)

"A alma do animal, sobrevivendo ao corpo, depois da **morte**, fica num estado errante, como a do homem? – 'Fica numa espécie de erraticidade, já que não está unida a um corpo; não é, porém, um espírito errante, O espírito errante é um ser que pensa e age por sua livre vontade; o dos animais não dispõe da mesma faculdade; a consciência de si mesmo é o atributo principal do espírito, O espírito do animal é classificado, depois da **morte**, pelos espíritos incumbidos disso e, quase imediatamente, utilizado; ele não tem tempo de se relacionar com outras criaturas.'" (LE. Perg. 600)

"O espírito do homem, depois da **morte**, tem consciência das existências que precederam, para ele, o período de humanidade? – 'Não, pois não é senão deste período que começa para ele a sua vida de espírito e é até com dificuldade que se lembra de suas primeiras existências como homem, absolutamente como o homem não se lembra mais dos primeiros tempos de sua

infância e menos ainda do tempo que passou no seio de sua mãe. É por isso que os espíritos vos dizem que não sabem como começaram'."
(LE. Perg. 608)

"Não há situações em que os meios de existência independem da vontade do homem e em que a privação do estritamente necessário é uma consequência da força das coisas? – 'Isto é uma prova, frequentemente cruel que ele deve experimentar e à qual sabia que seria exposto; seu mérito consiste na submissão à vontade de Deus, se sua inteligência nenhum meio lhe proporciona para sair da dificuldade. Se a **morte** o atingir, deve recebê-la sem murmurar, pensando que é chegada a hora da verdadeira libertação e que o desespero do último momento pode fazê-lo perder o fruto de sua resignação'."
(LE. Perg. 708)

"O que pensar do homem que procura, nos excessos de todos os gêneros, um refinamento para seus gozos?
– 'Pobre coitado! Compadeçamo-nos dele e não o invejemos, pois está bem perto da **morte**!'."
(LE. Perg. 714)

"Será da **morte** fisica, ou da **morte** moral que ele está próximo? —'De ambas'." (LE. Perg. 714a)

"O homem que procura, nos excessos de todos os gêneros, um refinamento de gozos coloca-se abaixo do animal, pois este sabe parar, quando satisfeita a sua necessidade. Abdica da razão que Deus lhe deu como guia e, quanto maiores forem os seus excessos, maior preponderância ele dá à sua natureza animal sobre sua natureza espiritual. As doenças, as enfermidades, a própria **morte**, que são consequência do abuso, são, ao mesmo tempo, a punição à transgressão da lei de Deus." (LE. Perg. 714 - Nota)

"Já que a **morte** deve conduzir-nos a uma vida melhor, que nos livra dos males desta, sendo, assim, mais de se desejar do que de temer, por que o homem lhe tem um horror instintivo, que a faz, para ele, motivo de apreensão? — 'Já dissemos que o homem deve procurar prolongar sua vida, para cumprir sua tarefa; é por isso que Deus lhe deu o instinto de conservação e este instinto o sustenta nas provas; sem isto, ele se deixaria, com muita frequência, levar pelo desencorajamento. A voz íntima que o faz repelir a **morte** lhe diz que ele ainda pode fazer alguma coisa pelo seu adiantamento. Quando um perigo o ameaça, é um aviso para que tire proveito do tempo de sossego que Deus lhe concede; mas, ingrato! Geralmente, ele rende mais graças à sua estrela do que ao seu Criador.'" (LE. Perg. 730)

"(...) Mas, nesses flagelos, o homem de bem sucumbe, tanto quanto o perverso; isto é justo? – 'Durante a vida, o homem relaciona tudo ao seu corpo; mas, depois da **morte**, pensa de outra maneira. Como já dissemos: a vida do corpo é pouca coisa; um século do vosso mundo representa um relâmpago na eternidade; portanto, os sofrimentos daquilo que chamais de alguns meses, ou de alguns dias, nada significam. Constituem um ensinamento para vós e que vos servirá no futuro. Os espíritos, que preexistem e sobrevivem a tudo, eis o mundo real; esses são os filhos de Deus e o objeto de toda sua solicitude; os corpos são apenas disfarces, sob os quais eles aparecem no mundo. Nas grandes calamidades que dizimam os homens, é como, durante a guerra, um exército, que vê seus uniformes gastos, rasgados ou perdidos. O general se preocupa mais com seus soldados, do que com as suas fardas'." (LE. Perg. 738a)

"Quer a **morte** aconteça por meio de um flagelo, quer ela se dê por uma causa comum, ninguém escapa à **morte**, quando a hora da partida soa; a única diferença é que, naqueles casos, um maior número parte, ao mesmo tempo.

Se pudéssemos nos elevar, pelo pensamento, de maneira a dominar a Humanidade e abrangê-la completamente, esses flagelos tão terríveis nos pareceriam apenas tempestades passageiras, no destino do mundo." (LE. Perg. 738 b - Nota)

"A pena de **morte** desaparecerá, um dia, da legislação humana? — 'Incontestavelmente, a pena de **morte** desaparecerá e sua supressão marcará um progresso na Humanidade. Quando os homens forem mais esclarecidos, a pena de **morte** será completamente abolida da Terra; os homens não precisarão mais ser julgados pelos homens. Falo de uma época que ainda está bastante afastada de vós'." (LE. Perg. 760)

"Sem dúvida, o progresso social ainda deixa muito a desejar, mas seria injusto para com a sociedade moderna se não víssemos, entre os povos mais adiantados, um progresso nas restrições feitas à pena de **morte** e à natureza dos crimes aos quais se limita sua aplicação. Se compararmos as garantias com as quais a justiça, entre esses mesmos povos, se esforça para cercar o acusado, a humanidade de que se utiliza para com ele, mesmo quando o reconhece culpado, com o que se praticava em tempos que ainda não estão muito distantes, não poderemos ignorar a senda progressiva pela qual caminha a Humanidade." (LE. Perg. 760 - Nota)

"Se a pena de **morte** pode ser banida das sociedades civilizadas, não terá sido uma necessidade em épocas menos adiantadas? — 'Necessidade não é o termo; o homem sempre crê que uma coisa é necessária quando nada de melhor encontra; à medida que se esclarece, compreende melhor o que é justo ou injusto e repudia os excessos cometidos, nos tempos de ignorância, em nome da justiça'." (LE. Perg. 762)

"A restrição dos casos em que se aplica a pena de **morte** será um indício de progresso da civilização? — 'Podes duvidar disso? Teu espírito não se revolta ao leres a narrativa das carnificinas humanas que, outrora, se faziam em nome da justiça e, frequentemente, em honra à Divindade; das torturas que se infligiam ao condenado e até ao acusado para arrancar dele, pelo excesso dos sofrimentos, a confissão de um crime que muitas vezes não havia cometido? Pois bem! Se tivesses vivido naqueles tempos, terias achado tudo isso natural e, talvez, tu, como juiz, tivesses feito o mesmo. É assim que o que parecia justo numa época, parece bárbaro numa outra. Só as leis divinas são eternas; as leis humanas mudam com o progresso; continuarão mudando até que se harmonizem com as leis divinas'." (LE Perg. 763)

"Jesus disse: Quem matou com a espada, perecerá pela espada. Estas palavras não são a consagração da pena de talião, e a **morte** imposta ao assassino não será a aplicação desta pena? – 'Tomai cuidado! Vós vos tendes enganado a respeito destas palavras como a respeito de muitas outras. A pena de talião é a justiça de Deus; é ele quem a aplica. Todos vós sofreis esta pena a cada instante, pois sois punidos por aquilo em que pecastes, nesta vida ou numa outra; aquele que fez seus semelhantes sofrerem, estará numa posição em que ele próprio sofrerá o que tiver feito o outro suportar; este é o sentido destas palavras de Jesus; mas ele também não vos disse: Perdoai aos vossos inimigos? E não vos ensinou a pedir a Deus para vos perdoar as ofensas, como vós mesmos tiverdes perdoado, isto é, na mesma proporção que tiverdes perdoado? Compreendei bem isto'." (LE, Perg. 764)

"O que se deve pensar da **morte** imposta em nome de Deus? – 'É tomar o lugar de Deus na justiça. Aqueles que agem dessa maneira mostram quão distantes estão de compreender Deus e que ainda têm muitas coisas a expiar. A pena de **morte** é um crime, quando aplicada em nome de Deus e, aqueles que a impõem são responsáveis por isto, como por quaisquer outros assassínios." (LE Perg. 765)

"Todos os homens estão submetidos às mesmas leis da Natureza; todos nascem igualmente fracos, estão sujeitos às mesmas dores e o corpo do rico se destrói como o do pobre. Portanto, Deus a nenhum homem concedeu superioridade natural, nem pelo nascimento, nem pela **morte**: diante dele, todos são iguais'." (LE. Perg. 803 - Nota)

"Sem se afastar da legalidade, qualquer um pode dispor de seus bens, de modo mais ou menos equitativo. Quem o faz é responsável, depois da **morte**, pelas disposições que tomou? – 'Toda ação produz seus frutos; os frutos das boas ações são doces; os das outras são sempre amargos. Sempre, entendei-o bem'." (LE. Perg. 810)

"Algumas pessoas só escapam de um perigo mortal, para cair num outro; parece que elas não podiam escapar da **morte**. Não há nisso fatalidade? – 'No verdadeiro sentido da palavra, apenas o instante da **morte** é fatal; quando este momento chega, seja de uma forma ou de outra, não podeis a eles vos subtrair'." (LE. Perg. 853)

"Assim, qualquer que seja o perigo que nos ameace, não morreremos, se não tiver chegado a hora? – 'Não, não perecerás e disso tens milhares de exemplos; porém, quando chegar tua hora de partir, nada poderá impedi-lo. Deus sabe, antecipadamente, por que gênero de **morte** partirás daqui e, com frequência, teu espírito também o sabe, pois isto lhe foi revelado, quando fez a escolha dessa ou daquela existência'." (LE. Perg. 853a)

"Do fato de ser infalível a hora da **morte**, pode-se concluir que as precauções que se tomam para evitá-la são inúteis? – 'Não, pois as precauções que tomais vos são sugeridas com vistas a evitar a **morte** que vos ameaça; constituem um dos meios para que ela não ocorra'." (LE. Perg. 854)

"O espírito sabe, antecipadamente, através de que gênero de **morte** deverá sucumbir? – 'Sabe que o gênero de vida que escolheu o expõe a morrer antes dessa maneira, que daquela; mas sabe, igualmente, que lutas terá que sustentar para evitá-lo e que, se Deus o permitir, ele não sucumbirá'." (LE, Perg. 856)

"Por que será que aqueles que pressentem sua **morte**, geralmente, a temem menos do que outros? – 'É o homem quem teme a **morte** e, não, o espírito; aquele que a pressente pensa mais como espírito do que como homem: compreende sua libertação e aguarda'." (LE. Perg. 858)

"Se a **morte**, quando tem que acontecer, não pode ser evitada, o mesmo se dá com todos os acidentes que nos sobrevêm, no decorrer da vida? — 'Frequentemente, são coisas bastante insignificantes para delas vos prevenir e, algumas vezes, fazer-vos evitá-las, dirigindo vosso pensamento, pois não nos agrada o sofrimento material; mas isto é de pouca importância para a vida que escolhestes. A fatalidade, verdadeiramente, consiste apenas no momento em que deveis aparecer e desaparecer deste mundo'." (LE. Perg. 859)

"É na **morte** que o homem se acha submetido, de maneira absoluta, á inexorável lei da fatalidade, pois ele não pode escapar à sentença que fixa o fim de sua existência, nem ao gênero de **morte** que deve interromper-lhe o curso." (LE. Questão 872)

"O amor materno é uma virtude, ou um sentimento instintivo, comum aos homens e aos animais? — 'Ambos. A Natureza deu à mãe o amor pelos seus filhos, no interesse da conservação deles; mas, no animal, este amor está limitado às necessidades materiais: cessa, quando os cuidados se tornam dispensáveis; no homem, ele persiste durante toda a vida e comporta um devotamento e uma abnegação que são virtudes; sobrevive mesmo à **morte** e acompanha o filho além do túmulo; bem vedes que há nele algo diferente do que o que existe no animal'." (LE. Perg. 890)

"Há pessoas que, desprovidas de todos os recursos, embora a abundância reine em torno delas, só têm a **morte** como perspectiva; que partido devem tomar? Devem deixar-se morrer de fome? —'Jamais se deve ter a ideia de deixar-se morrer de fome; sempre se acharia um meio de se alimentar, se o orgulho não se colocasse entre a necessidade e o trabalho. Costuma- se dizer: 'Não há ofício desprezível'; não é o estado que desonra; diz-se isto para os outros e, não, para si'." (LE. Perg. 929)

"O temor da **morte** é, para muitas pessoas, uma causa de perplexidade; de onde se origina esse temor, visto que elas têm diante de si o futuro? — 'É sem motivo que têm esse temor; mas, que queres? Se procuram persuadi-las, quando jovens, de que há um inferno e um paraíso, mas que é mais certo irem para o inferno, porque lhes dizem que o que está na Natureza constitui um pecado mortal para a alma. Então, quando se tornam adultas, se têm um pouco de juízo, não podem admitir isso e se tornam ateias ou materialistas; é assim que são levadas a acreditar que, além da vida presente, nada mais há. Quanto às que persistiram nas suas crenças de infância, elas temem aquele fogo eterno que deve queimá-las sem as consumir.

A **morte** nenhum temor inspira ao justo, porque, com a fé, ele tem a certeza do futuro; a esperança faz com que aguarde uma vida melhor e a caridade, cuja lei praticou, dá-lhe a certeza de que não encontrará, no mundo onde vai entrar, nenhum ser cujo olhar deva temer." (LE. Perg. 941)

"O homem carnal, mais preso à vida corporal do que à vida espiritual, tem, na Terra, penas e gozos materiais; sua felicidade está na satisfação fugidia de todos os seus desejos. Sua alma, constantemente preocupada e angustiada pelas vicissitudes da vida, conserva-se numa ansiedade e numa tortura perpétuas. A **morte** o assusta, porque ele duvida do seu futuro e porque deixa na Terra todas as suas afeições e todas as suas esperanças.

O homem moral, que se elevou acima das necessidades factícias criadas pelas paixões, experimenta, desde este mundo, gozos desconhecidos pelo homem material. A moderação de seus desejos dá ao seu espírito a calma e a serenidade. Feliz pelo bem que faz, não há para ele decepções e as contrariedades deslizam sobre sua alma, nenhuma impressão dolorosa deixando nela." (LE. Perg. 941 – Nota)

"Todo sacrifício feito às custas de sua própria felicidade é um ato soberanamente meritório aos olhos de Deus, pois constitui a prática da lei de caridade. Ora, sendo a vida o bem terrestre pelo qual o homem tem maior apreço, aquele que a ela renuncia, pelo bem dos seus semelhantes, não comete um atentado: realiza um sacrifício. Mas, antes de fazê-lo, deve avaliar se sua vida não poderia ser mais útil do que sua **morte**." (LE. Perg. 951 – Nota)

"Quando uma pessoa vê diante de si uma **morte** inevitável e terrível, é culpada por abreviar de alguns instantes seus sofrimentos, através de uma **morte** voluntária? – 'Somos sempre culpados por não esperar o termo fixado por Deus. Além disso, estaremos bem certos de que, apesar das aparências, esse termo tenha chegado e de que não poderemos receber um socorro inesperado, no último momento?'." (LE, Perg. 953)

"Concebe-se que, nas circunstâncias comuns, o suicídio seja condenável, mas supomos o caso em que a **morte** é inevitável e em que a vida só é abreviada de alguns instantes. – 'É sempre uma falta de resignação e de submissão à vontade do Criador'." (LE. Perg. 953a)

"A observação mostra, de fato, que os efeitos do suicídio nem sempre são os mesmos; porém, há alguns comuns a todos os casos de **morte** violenta, consequência da interrupção brusca da vida. Primeiramente, há a persistência mais prolongada e mais tenaz do elo que une o espírito ao corpo, porque esse elo está, quase sempre, na plenitude de sua força, no momento em que é partido, enquanto que, na **morte** natural, ele se enfraquece gradualmente e, frequentemente, se desfaz, antes que a vida esteja completamente extinta. As consequências desse estado de coisas são o prolongamento da perturbação espiritual, depois da ilusão que, durante um tempo mais ou menos longo, faz com que o espírito acredite que ainda pertence ao número dos vivos (...)" (LE. Perg. 957 – Nota)

"Em todos os tempos, o homem se preocupou com seu futuro de além-túmulo e isto é muito natural. Qualquer que seja a importância que dê à vida presente, não pode deixar de considerar como ela é curta e, principalmente, precária, visto que ela pode ser interrompida a qualquer instante e que ele nunca está seguro sobre o dia seguinte. Que será dele, após o instante fatal? A questão é grave, pois não se trata de alguns anos, mas da eternidade.

Aquele que tem de passar longos anos num país estrangeiro, preocupa-se com a posição que lá ocupará; como, então, não nos preocuparmos com a que teremos, ao deixar este mundo, já que é para sempre?

A ideia do nada tem alguma coisa que repugna à razão. O homem, por mais despreocupado que seja durante a vida, ao chegar o momento supremo, pergunta a si mesmo o que vai ser dele e, involuntariamente, espera.

Crer em Deus, sem admitir a vida futura, seria um contrassenso. O sentimento de uma existência melhor está no foro íntimo de todos os homens: Deus não pode tê-lo aí colocado em vão.

A vida futura implica a conservação de nossa individualidade após a **morte**; com efeito, o que nos importaria sobreviver ao corpo, se nossa essência moral devesse perder-se no oceano do infinito? As consequências, para nós, seriam as mesmas que o nada." (LE. Perg. 959 – Nota)

"No momento da **morte**, que sentimento domina a maioria dos homens? Será a dúvida, o temor ou a esperança? – 'A dúvida, nos cépticos endurecidos; o temor, nos culpados; a esperança, nos homens de bem'." (LE. Perg. 961)

"Por que existem cépticos, já que a alma traz ao homem o sentimento das coisas espirituais? – 'Eles são menos numerosos do que se imagina; muitos se fazem de espíritos fortes, durante sua vida, por orgulho, mas, no momento da **morte**, não são tão fanfarrões'." (LE. Perg. 962)

"Deus necessita ocupar-se com cada um dos nossos atos, para nos recompensar, ou nos punir? E, na sua maioria, esses atos não são insignificantes para ele?

– 'Deus tem suas leis que regulam todas as vossas ações: se as violais, a culpa é vossa. Sem dúvida, quando um homem comete um excesso, Deus não profere um julgamento contra ele, para lhe dizer, por exemplo: foste guloso, vou punir-te. Mas ele traçou um limite; as doenças e, frequentemente, a **morte** são a consequência dos excessos. Eis a punição: é o resultado da infração da lei. O mesmo se dá com todas as coisas'." (LE. Perg. 964)

"As penas e os gozos da alma, após a **morte**, têm alguma coisa de material? – 'O bom senso o diz: não podem ser materiais, visto que a alma não é matéria. Essas penas e esses gozos nada têm de carnal e, entretanto, são mil vezes mais vivos do que os que experimentais na Terra, porque o espírito, uma vez desligado, é mais impressionável; a matéria não embota mais as suas sensações'." (LE. Perg. 965)

"(...) Assim, a **morte** não nos livra da tentação? – 'Não, mas a ação dos maus espíritos é muito menor sobre os outros espíritos do que sobre os homens, porque eles não têm como auxiliares as paixões materiais'." (LE. Perg. 971)

"O homem faz uma ideia mais ou menos elevada das penas e gozos da alma após a **morte**, conforme o estado de sua inteligência. Quanto mais ele se desenvolve, mais essa ideia se depura e se desliga da matéria; compreende as coisas sob um ponto de vista mais racional, deixa de tomar ao pé da letra as imagens de uma linguagem figurada. A razão, mais esclarecida, ensinando-nos que a alma é um ser todo espiritual, nos diz, por isso mesmo, que ela não pode ser afetada pelas impressões que apenas agem sobre a matéria; mas, daí não se conclui que ela esteja isenta de sofrimentos, nem que não receba a punição de suas faltas." (LE. Perg. 973 – Nota)

"(...) Isto se concebe da parte de espíritos estranhos ou indiferentes; mas a visão dos desgostos e dos sofrimentos daqueles a quem amaram na Terra não lhes perturba a felicidade? – 'Se não vissem esses sofrimentos, é que vos seriam estranhos, depois da **morte**; ora, a religião vos diz que as almas vos veem; mas, consideram vossas aflições de um outro ponto de vista; sabem que esses sofrimentos são úteis ao vosso progresso, se os suportardes com resignação; afligem-se, portanto, mais pela falta de coragem que vos retarda, do que com os sofrimentos em si mesmos, que são apenas passageiros'." (LE. Perg. 976a)

"Haverá, para o estado futuro do espírito, uma diferença entre aquele que, em vida, temia a **morte** e o que a via com indiferença e até com alegria?
— 'A diferença pode ser muito grande; todavia, frequentemente, ela se apaga diante das causas que provocam esse temor ou esse desejo. Temendo-a, ou desejando-a, pode-se ser movido por sentimentos muito diversos e são estes sentimentos que influem no estado do espírito. E evidente, por exemplo, que naquele que deseja a **morte**, unicamente porque nela vê o final de suas tribulações, há uma espécie de queixa contra a Providência e contra as provas que deve suportar'."
(LE. Perg. 981)

"O espírito que expia suas faltas numa nova existência não experimenta sofrimentos materiais? Assim sendo, será exato dizer que, após a **morte**, a alma só tem sofrimentos morais?
— 'É bem verdade que, quando a alma está reencarnada, as tribulações da vida constituem para ela um sofrimento; mas somente o corpo sofre materialmente.

Dizeis, frequentemente, que aquele que morre não sofre mais; isto nem sempre é verdadeiro. Como espírito, ele não experimenta mais dores físicas; mas, conforme as faltas que tenha cometido, pode estar sujeito a dores morais cruciantes e, numa nova existência, pode ser ainda mais infeliz. Então, o mau rico pedirá esmola e sofrerá com todas as privações da miséria, o orgulhoso, com todas as humilhações; o que abusa de sua autoridade e trata seus subordinados com desprezo e dureza será forçado a obedecer a um senhor mais rude do que ele o foi. Todas as penas e as tribulações da vida são a expiação das faltas de uma outra existência; quando não são a consequência das faltas da vida atual. Quando tiverdes saído daqui, vós o compreendereis.

O homem que se considera feliz na Terra, porque pode satisfazer suas paixões, é o que menos esforços faz para se melhorar. Expia, frequentemente, na mesma vida, essa felicidade eremera, mas a expiará, certamente, numa outra existência tão material quanto aquela'." (LE. Perg. 983)

"O homem perverso, que não reconheceu absolutamente suas faltas durante a vida, sempre as reconhece depois da **morte**? – 'Sim, ele sempre as reconhece e, então, sofre ainda mais, pois sente em si todo o mal que fez, ou de que foi a causa voluntária. Entretanto, o arrependimento nem sempre é imediato; há espíritos que se obstinam no mau caminho, apesar dos seus sofrimentos; mas, cedo ou tarde,

reconhecerão a estrada errada que tomaram e o arrependimento virá.
É para esclarecê-los que trabalham os bons espíritos e que podeis trabalhar vós mesmos'."
(LE. Perg. 994)

"Não se pode perder de vista que o espírito, depois da **morte** do corpo, não se transforma subitamente; se sua vida foi reprovável, é porque ele era imperfeito; ora, a **morte** não o toma perfeito imediatamente; ele pode persistir nos seus erros, nas suas opiniões falsas, nos seus preconceitos, até que seja esclarecido pelo estudo, pela reflexão e pelo sofrimento."
(LE. Perg. 997-Nota)

"Podemos, desde esta vida, resgatar nossas faltas?
— 'Sim, reparando-as; mas não creiais resgatá-las através de algumas privações pueris, ou fazendo doações, depois da vossa **morte**, quando não tereis mais necessidade de nada. Deus não leva em conta um arrependimento estéril, sempre fácil e que apenas custa o esforço de bater no peito. A perda de um dedo mínimo, prestando um serviço, apaga mais faltas do que o martírio do cilício suportado durante anos, sem outro objetivo senão o pessoal.

O mal só é reparado pelo bem e a reparação não tem mérito algum, se não atinge o homem nem no seu orgulho, nem nos seus interesses materiais.

De que lhe serve, para justificar-se, restituir, depois da sua **morte**, o bem indevidamente adquirido, quando se lhe toma inútil e já tirou dele todo o proveito?

De que lhe serve a privação de alguns gozos fúteis e de algumas superfluidades, se o dano que causou a outrem permanece o mesmo?

De que lhe serve, finalmente, humilhar-se diante de Deus, se conserva seu orgulho diante dos homens?" (LE. Perg. 1000)

"Nenhum mérito haverá em assegurar, depois da **morte**, um emprego útil dos bens que possuímos? – 'Nenhum mérito não é a palavra; isto sempre é melhor do que nada; entretanto, a desgraça é que aquele que só doa após a sua **morte** é, frequentemente, mais egoísta do que generoso; quer ter a honra do bem, sem ter trabalho. Aquele que se priva, em vida, tem duplo proveito: o mérito do sacrificio e o prazer de ver a felicidade que proporciona. Mas o egoísmo lá está e lhe diz: O que dás é o que retiras dos teus gozos; e, como o egoísmo fala mais alto do que o desinteresse e a caridade, ele guarda, sob o pretexto de suas necessidades e das exigências de sua posição. Ah! Lastimai aquele que não conhece o prazer de dar; acha-se verdadeiramente deserdado dos mais puros e dos mais suaves gozos. Deus, submetendo-o à prova da fortuna, tão escorregadia e tão perigosa para o seu futuro, quis dar-lhe, como compensação, a ventura da generosidade, de que ele pode gozar, já neste mundo." (LE. Perg. 1001)

"O que deve fazer aquele que, no momento da **morte**, reconhece suas faltas, mas não tem tempo de repará-las? Neste caso, basta arrepender-se? — 'O arrependimento apressa sua reabilitação, mas não o absolve. Não tem ele, diante de si, o futuro que jamais lhe é fechado?'." (LE. Perg. 1002)

"O homem é uma alma encarnada. Antes da sua encarnação ela existia unida aos tipos primordiais, às ideias da verdade, do bem e do belo; encarnando, separou-se deles, e, lembrando-se do seu passado ela fica mais ou menos atormentada pelo desejo de a ele voltar.

Não se pode explicar mais claramente a diferença e a independência entre o princípio inteligente, ou seja, a alma, e o princípio material, isto é, o corpo. Além disso, é a doutrina da preexistência da alma, da vaga intuição que ela conserva de um outro mundo ao qual ela aspira, da sua sobrevivência ao corpo, da sua saída do mundo espiritual para encarnar e da sua volta a esse mesmo mundo após a **morte**, E, enfim, o germe da doutrina dos anjos decaídos."
(ESE. Resumo da Doutrina de Sócrates e Platão – 1)

"Enquanto tivermos o nosso corpo, e a alma se encontrar mergulhada nessa corrupção, jamais, possuiremos o objeto dos nossos desejos: a verdade. De fato, o corpo nos oferece mil obstáculos pela necessidade que temos de cuidar dele; além disso, ele nos enche de desejos, de apetites, de temores, de mil quimeras e de mil tolices, de maneira que, com ele, é impossível sermos sábios ao menos por um instante, porém, se é impossível conhecer alguma coisa com pureza, enquanto a alma está unida ao corpo, de duas coisas temos que concluir por uma: ou não se conhecerá jamais a verdade, ou ela só será conhecida após a **morte**. Libertos da loucura do corpo, então conversaremos, é lógico que se espere, com homens igualmente livres, e conheceremos, por nós mesmos, a essência das coisas. Eis por que os verdadeiros filósofos se preparam para morrer, e a **morte** não lhes parece, de maneira alguma, temível.

Aqui temos o princípio das faculdades da alma, obscurecidas por terem como intermediários os órgãos corporais, e o da expansão dessas faculdades após a **morte**. Trata-se, porém, das almas de elite, já depuradas, não ocorre o mesmo com as almas impuras." (ESE. Resumo da Doutrina de Sócrates e Platão — III)

"Após nossa **morte**, o gênio (daïmon, demônio), que nos havia sido designado durante a vida, nos leva a um lugar onde se reúnem todos aqueles que devem ser conduzidos ao Hades, para ali serem julgados. As almas, após terem permanecido no Hades o tempo necessário, são reconduzidas a esta vida por numerosos e longos períodos.

Esta é a doutrina dos Anjos Guardiães ou Espíritos Protetores, e das reencarnações sucessivas, após intervalos mais ou menos longos na erraticidade." (ESE. Resumo da Doutrina de Sócrates e Platao — V)

"Se a **morte** fosse a dissolução integral do homem, isso seria uma grande vantagem para os maus; após a **morte** eles se livrariam, ao mesmo tempo, de seu corpo, de sua alma e de seus vícios. Aquele que adornou sua alma, não com enfeites estranhos, mas com aqueles que lhe são próprios, somente poderá aguardar tranquilamente a hora da sua partida para o outro mundo.

Em outras palavras, isto equivale a dizer que o materialismo, que proclama o nada após a **morte**, seria a anulação de toda a responsabilidade moral posterior, e, por consequência, um incentivo ao mal; que as pessoas más têm tudo a ganhar com o nada; que somente aquele que se livrou de seus vícios, e se enriqueceu de virtudes, pode esperar, tranquilamente, o despertar na outra vida, O Espiritismo nos mostra, pelos exemplos que diariamente põe diante de nós, quanto é penoso para os maus a passagem de uma vida para a outra, a entrada na vida futura."
(ESE. Resumo da Doutrina de Sócrates e Platão — IX)

"De duas coisas, uma: ou a **morte** é uma destruição absoluta ou é a passagem da alma para outro lugar. Se tudo deve se extinguir, a **morte** será como uma dessas raras noites que nós passamos sem sonhar e sem nenhuma consciência de nós mesmos. Mas se a **morte** é somente uma mudança de morada, a passagem para um lugar onde os mortos devem se reunir, que felicidade é para nós ali reencontrarmos os nossos conhecidos! Meu maior prazer seria examinar de perto os habitantes dessa morada e de distinguir, como aqui, aqueles que são sábios daqueles que acreditam ser, mas não o são. Mas é chegado o tempo de nos separarmos, eu para morrer, vocês para viverem. (Sócrates aos seus juízes.)

Segundo Sócrates, os homens que viveram na Terra se reencontram após a **morte** e se reconhecem. O Espiritismo nos mostra que as relações que entre eles se estabeleceram continuam, de tal forma que a **morte** não é uma interrupção, nem uma cessação da vida, mas uma transformação, sem solução de continuidade.

Se Sócrates e Platão tivessem conhecido os ensinamentos que Cristo daria quinhentos anos mais tarde, e aqueles que os espíritos agora nos dão, não teriam falado de maneira diferente. Nisso não há nada que possa surpreender, se considerarmos que as grandes verdades são eternas, e que os espíritos adiantados tiveram conhecimento delas antes de virem encarnar na Terra, para onde as trouxeram; que Sócrates, Platão e os grandes filósofos de seu tempo, mais tarde puderam fazer parte do número daqueles que secundaram Cristo na sua divina missão, e que eles foram escolhidos precisamente porque já compreendiam, mais que os outros, seus sublimes ensinamentos; e que eles podem, enfim, fazer parte, atualmente, do grupo de espíritos encarregados de vir ensinar as mesmas verdades aos homens." (ESE. Resumo da Doutrina de Sócrates e Platão – XI)

"Essa realeza, nascida do mérito pessoal, consagrada pela posteridade, não tem, muitas vezes, uma preponderância bem maior do que aquela que conduz à coroa? Ela é imorredoura, enquanto que a outra é o joguete das vicissitudes; ela sempre é bendita pelas gerações futuras enquanto que a outra, muitas vezes, é amaldiçoada. A realeza terrestre acaba juntamente com a vida; a realeza moral continua governando, principalmente após a **morte**. Sob esse aspecto, Jesus não é um rei muito mais poderoso do que muitos soberanos? Portanto, foi com razão que Jesus disse a Pilatos: 'Eu sou rei, mas meu reino não é deste mundo'." (ESE. 11:4)

"Para aquele que, pelo pensamento, se coloca na vida espiritual, que é indefinida, a vida corporal não é mais que uma passagem, uma curta estada em um país ingrato. As vicissitudes e as atribulações da vida não são mais que incidentes que ele recebe com paciência, porque sabe que são de curta duração e devem ser seguidos por um estado mais feliz; a **morte** nada tem de assustador; não é mais a porta para o nada, mas a porta da liberdade que abre para o desterrado a entrada de uma morada de felicidade e de paz." (ESE. II: 5)

"A pouca resistência que a matéria oferece aos espíritos já muito avançados, toma rápido o desenvolvimento dos corpos, e a infância é curta ou quase nula; a vida, isenta de cuidados e de angústias, é proporcionalmente muito mais longa que sobre a Terra. Em princípio, a longevidade é proporcional ao grau de adiantamento dos mundos. Ali a **morte** nada tem dos horrores da decomposição; longe de ser um motivo de pavor, ela é considerada como uma transformação feliz, porque a dúvida sobre o futuro ali não existe (...)" (ESE. III: 9)

"O homem, menos absorvido pelas coisas materiais, entrevê melhor o figuro do que vós; compreende que existem outras alegrias que o Senhor promete àqueles que se tomam dignos, quando a **morte** novamente houver destruído seus corpos para lhes dar a verdadeira vida. É então que, liberta, a alma planará sobre todos os horizontes; não mais com sentidos materiais e grosseiros, mas com os sentidos de um perispírito puro e celeste, aspirando as emanações do próprio Deus nos aromas do amor e da caridade, que se expandem de seu seio." (ESE. III 17)

"A reencarnação fazia parte dos dogmas judeus sob o nome de ressurreição; só os saduceus, que pensavam que com a **morte** tudo se acabava, não acreditavam nela. As idcias dos judeus sobre esse ponto, assim como sobre muitos outros, não estavam claramente definidas porque eles só possuíam noções vagas e incompletas sobre a alma e sua ligação com o corpo." (ESE. IV: 4)

"(...) Só as afeições espirituais são duráveis; as afeições carnais se acabam com a causa que as fez nascer, ora, esta causa não existe mais no mundo dos espíritos, enquanto que a alma existe sempre. Quanto às pessoas que se uniram apenas por interesse, essas, realmente, nada são uma para a outra: a **morte** as separa na Terra e no céu" (ESE. IV: 18)

"(...) De acordo com as duas primeiras alternativas (O nada, segundo a doutrina materialista e a absorção no todo universal), os laços de família são rompidos após a **morte**, e não há nenhuma esperança de um reencontro entre os seus membros; com a terceira há a possibilidade de se reencontrarem, desde que estejam no mesmo meio, que tanto pode ser o inferno como o paraíso; com a pluralidade das existências, que é inseparável do progresso contínuo, existe a certeza de que continuam as relações entre aqueles que se amaram, e é isso o que constitui a verdadeira família." (ESE. IV: 23)

"O espírito não readquire a lembrança do seu passado somente após a **morte**. Pode-se dizer que ele não a perde jamais, pois a experiência prova que, mesmo encarnado, durante o sono do corpo, o espírito desfruta de uma certa liberdade e tem consciência de seus atos anteriores; sabe por que sofre, e que sofre justamente. A lembrança só se desfaz durante a vida exterior de relação. Mas, na falta de uma lembrança precisa, que poderia ser-lhe penosa e prejudicar suas relações sociais, ele adquire novas forças nesses instantes de emancipação da alma, se souber aproveitá-los." (E5E:V: 11)

"(...) Ora, aquele que está certo de ser infeliz só por um dia e de serem melhores os dias seguintes, facilmente adquire paciência, só se desespera quando não vê um fim para os seus sofrimentos. E o que é a vida humana, em relação à eternidade, senão bem menos que um dia? Porém, para aquele que não crê na eternidade, que acredita que nele tudo se acaba com a vida, se estiver atormentado pelo desgosto e pelo infortúnio, só na **morte** vê o fim desses males. Nada esperando, ele acha muito natural, muito lógico mesmo, abreviar a sua infelicidade pelo suicídio." (E5E. V: 15)

"A incredulidade, a simples dúvida sobre o futuro e as ideias materialistas são, em uma palavra, os maiores estimulantes ao suicídio: elas produzem a covardia moral. E quando se veem homens de ciência apoiarem-se

sobre a autoridade do seu saber, esforçando-se para provar aos seus ouvintes ou aos seus leitores que eles nada têm a esperar após a **morte**, não é induzi-los a concluir que, se são infelizes, o melhor que têm a fazer é se matarem? Que lhes poderiam dizer para desviá-los disso? Que compensação lhes poderiam oferecer? Que esperança lhes podem dar? Nada, além do nada. (...)"
(ESE. V: 16)

"Imitai aquele que vos foi dado como exemplo; chegado ao último grau da abjeção e da miséria, estendido em uma estrumeira, disse a Deus: 'Senhor, conheci todas as alegrias da opulência, e vós me haveis reduzido à miséria mais profunda; obrigado, obrigado, meu Deus, por haverdes querido experimentar vosso servidor! 'Até quando vossos olhares se deterão nos horizontes fixados pela **morte**? Quando, enfim, vossa alma quererá arrojar-se para além dos limites do túmulo? Porém, se devêsseis chorar e sofrer toda uma vida, o que isso representaria comparado à eternidade de glória reservada àquele que houver suportado a prova com fé, amor e resignação?"
(ESE. V: 19)

"Quando a **morte** vem até vossas famílias, levando, sem critério algum, os jovens antes dos velhos, muitas vezes dizeis: "Deus não é justo, porquanto sacrifica o que é forte e cheio de vida, para conservar aqueles que viveram muitos anos plenos de decepções; leva aqueles que são úteis, e deixa os que não servem para mais nada; parte o coração de uma mãe, privando-a da inocente criatura que fazia toda a sua alegria.

Humanos, é nisso que tendes necessidade de vos elevar acima do terra a terra da vida, para compreender que o bem muitas vezes está lá onde se acredita ver o mal, a sábia previdência onde se crê ver a cega fatalidade do destino. Por que avaliar a justiça divina pelo valor da vossa?"
(ESE. v: 21)

"Acreditai em minhas palavras, a **morte** é preferível, mesmo numa encarnação de vinte anos, a esses desregramentos vergonhosos que angustiam as famílias honradas, destroem o coração de uma mãe e fazem embranquecer, antes do tempo, os cabelos dos pais. A **morte** prematura muitas vezes é um benefício que Deus concede àquele que desencarna e que assim fica resguardado das misérias que a vida apresenta, ou das tentações que poderiam causar a sua perdição.

Aquele que morre na flor da idade não é vítima da fatalidade, Deus simplesmente julga que lhe é útil não permanecer mais tempo sobre a Terra." (ESE. V: 21)

"Alegrai-vos em vez de chorar, quando Deus resolve retirar um de seus filhos desse vale de misérias. Não é egoísmo desejar que ele fique na Terra para sofrer convosco? Ah! Essa dor se concebe naquele que não tem fé, e que vê na **morte** uma separação eterna, mas vós, espíritas, sabeis que a alma vive melhor desembaraçada de seu invólucro corporal (...)" (ESE. V: 21)

"Dizei-me se um acontecimento, feliz para o momento, mas que tem consequências funestas, não é, em realidade, mais infeliz do que aquele que inicialmente causa grande contrariedade, e acaba por produzir o bem. Dizei-me se a tempestade que despedaça vossas árvores, mas que purifica o ar dissipando os miasmas insalubres que poderiam causar a **morte**, não é antes uma felicidade do que uma desgraça." (ESE. V: 24)

"Aquele que está desgostoso com a vida, mas não quer eliminá-la, é culpado ao procurar a **morte** em um campo de batalha com a ideia de torná-la útil? — Que o homem se mate ou que se faça matar, o seu objetivo é sempre o de terminar com a sua vida e, por conseguinte, há suicídio intencional, se não de fato. A ideia de que sua **morte** servirá para alguma coisa é ilusória; não é mais que um pretexto para disfarçar o seu ato e desculpá-lo aos seus próprios olhos; se havia um desejo sincero de servir ao seu país, ele procuraria sempre viver, para defendê-lo e não morrer porque estando morto não lhe serviria para mais nada. A verdadeira dedicação consiste em não temer a **morte** quando se trata de ser útil, em enfrentar o perigo, em sacrificar a própria vida, se isso for necessário, porém, a intenção premeditada de buscar a **morte** expondo- se a um perigo, mesmo para prestar um serviço, anula o mérito desse gesto." (ESE. V: 29)

"Um homem se expõe a um perigo iminente para salvar a vida de um de seus semelhantes, sabendo previamente que essa atitude poderá custar a sua própria vida. Tal procedimento pode ser encarado como suicídio? — Desde que não exista a intenção de procurar a **morte**, não se trata de suicídio, mas de abnegação e devotamento, embora haja a certeza de morrer.

Porém, perguntamos: quem pode ter essa certeza? Quem pode dizer que, no momento mais difícil, a Providência não apresenta um meio inesperado de salvação? Ela não pode salvar até mesmo aquele que se ache à frente de um canhão? Muitas vezes a Providência pode querer prolongar a prova da resignação até seu último limite, então, um fato inesperado desvia o golpe fatal." (ESE. V: 30)

"(...) Porém, os homens ingratos se afastaram do caminho largo e reto que conduz ao reino de meu Pai e se extraviaram nos ásperos e estreitos caminhos da impiedade. Meu Pai não quer aniquilar a raça humana; ele quer que, ajudando-vos uns aos outros, mortos e vivos, isto é, mortos segundo a carne, porquanto a **morte** não existe, sejais socorridos e que, não mais a voz dos profetas e dos apóstolos, mas a voz daqueles que não estão mais na Terra seja ouvida para vos bradar: Orai e acreditai, pois a **morte** é a ressurreição, e a vida é a prova escolhida durante a qual vossas virtudes cultivadas devem crescer e se desenvolver como o cedro." (ESE. VI: 5)

"(...) Oh! Olha-te com humildade! Lança, finalmente, os olhos sobre a realidade das coisas deste mundo, sobre o que faz a grandeza e a inferioridade no outro. Pensa que a **morte** não te poupará mais do que às outras pessoas; que os teus títulos não te protegerão contra ela; que a **morte** pode te atingir amanhã, hoje, dentro de uma hora; e, se te encerras no teu orgulho, então eu te lastimo, porque serás digno de piedade." (ESE. VII: 11)

"(...)Acreditai em mim, meus bons e queridos amigos, muitas vezes a cegueira dos olhos é a verdadeira luz do coração, enquanto que a visão, quase sempre é o anjo tenebroso que conduz à **morte**." (ESE. VIII: 20)

"Há, na prática do perdão, e na do bem em geral, mais que um efeito moral, há também um efeito material. Como se sabe, a **morte** não nos livra dos nossos inimigos; os espíritos vingativos muitas vezes perseguem com seu ódio, além do túmulo, aqueles contra os quais conservaram o seu rancor" (ESSE. X: 6)

"Por sua vez, o Espiritismo vem dizer uma segunda palavra do alfabeto divino; ficai atentos, porque essa palavra levanta a lápide dos túmulos vazios, e a reencarnação triunfando sobre a **morte**, revela ao homem deslumbrado o seu patrimônio intelectual; não é mais aos suplícios que ela o conduz, mas à conquista do seu ser, elevado e transfigurado. O sangue resgatou o espírito, e o espírito deve hoje resgatar o homem da matéria." (ESE. XI: 8)

"Deveis àqueles de quem vos falo o socorro das vossas preces: essa é a verdadeira caridade. Não deveis dizer de um criminoso: 'É um miserável, é preciso extirpá-lo da Terra, a **morte** imposta a ele é muito branda para um ser dessa espécie.' Não, não é assim que deveis falar. Olhai vosso modelo, que é Jesus. Que diria ele se visse esse infeliz ao seu lado? Com certeza o lamentaria, iria considerá-lo como um doente bem infeliz e lhe estenderia a mão. Na realidade não podeis fazer o mesmo, mas, pelo menos, podeis rezar por ele, assistir seu espírito durante os instantes que ainda deve passar sobre a vossa Terra. O arrependimento pode chegar ao seu coração, se fizerdes as vossas orações com fé. Ele é vosso próximo tanto quanto o melhor dentre os homens; sua alma, transviada e revoltada, foi criada, como a vossa, para se aperfeiçoar. Ajudai-o, pois, a sair do lamaçal, e rogai por ele." (ESE. XI: 14)

"Um homem está em perigo de **morte**; para salvá-lo é preciso expor a própria vida; sabe-se, porém, que esse homem é um malfeitor, e que, se escapar da **morte**, poderá cometer novos crimes. Deve-se, apesar disso, arriscar a vida para salvá-lo? — Essa é uma questão muito grave e que naturalmente pode se apresentar ao espírito. Responderei de acordo com o meu adiantamento moral, pois que se trata de saber se devemos expor a nossa vida, mesmo por um malfeitor. O devotamento é cego: socorre-se um inimigo, deve-se, portanto, socorrer um inimigo da sociedade, numa palavra, um malfeitor. Acreditais que é somente da **morte** que se vai arrancar esse desgraçado? É talvez de toda a sua vida passada. Porque, pensai, nesses rápidos instantes que lhe arrebatam os últimos minutos da vida, o homem, perdido, volta-se sobre a sua existência passada, ou melhor, ela se ergue diante dele. Talvez a **morte** chegue muito cedo para ele; a reencarnação poderá ser-lhe terrível. Ide, portanto, homens! Vós a quem a ciência espírita esclareceu, ide, arrancai-o da sua condenação, e então, esse homem, que seria morto blasfemando contra vós, se jogará em vossos braços. No entanto, não deveis perguntar se ele o fará ou não, mas ir em seu socorro, porquanto, salvando-o, obedecereis a essa voz do coração que nos diz: "Se podes salvá-lo, salva-o!" (ESE. XI: 15)

"(...) Para o incrédulo, amar os inimigos é um absurdo; aquele para quem a vida presente é tudo, vê em seu inimigo apenas um ser nocivo perturbando a sua tranquilidade e, do qual, segundo ele acredita, só a **morte** pode livrá-lo. Daí, o desejo de vingança; não há nenhum interesse em perdoar, se não for para satisfazer o seu orgulho aos olhos do mundo; perdoar mesmo, em certos casos, parece-lhe uma fraqueza indigna dele. Ainda que não se vingue, não deixará de sentir rancor nem o desejo oculto do mal.

Para o crente, mas para o espírita principalmente, a maneira de ver é totalmente diferente porque ele lança o seu olhar para o passado e para o futuro, entre os quais a vida presente não é mais que um ponto (...)" (ESE. XII: 4)

"O espírita ainda tem outros motivos de indulgência para com os seus inimigos. Antes de tudo ele sabe que a maldade não é o estado permanente do homem, que ela advém de uma imperfeição momentânea, e que, assim como a criança se corrige dos seus defeitos, o homem mau um dia reconhecerá os seus erros e se tornará bom.

Sabe ainda que a **morte** apenas o livra da presença material do seu inimigo; que pode continuar a persegui-lo com seu ódio, mesmo após haver deixado a Terra; que a vingança não atinge o seu objetivo, pois, ao contrário, ela produz uma irritação maior, que pode se estender de uma existência a outra." (ESE. XII: 5)

"Não existe um coração tão perverso que não seja tocado pelas boas ações, mesmo sem o saber. As boas ações, pelo menos, não dão pretexto a represálias; de um inimigo pode-se fazer um amigo, antes e depois da **morte**. Com as más ações se irrita o inimigo, e é então que ele serve de instrumento à justiça de Deus para punir aquele que não perdoou." (ESE. XII: 5)

"Amigos, lembrai-vos destas palavras: "Amai-vos uns aos outros", e então, ao receberdes um golpe motivado pelo ódio, retribuireis com um sorriso, e ao insulto, com o perdão. Certamente, o mundo se levantará furioso e vos considerará covardes; levantai a cabeça bem alto, e mostrai então que a vossa fronte, também ela, não temeria carregar-se de espinhos, segundo o exemplo dado por Cristo; mas que a vossa mão não quer ser cúmplice de uma **morte**, que o orgulho e o amor-próprio, revestidos de uma falsa aparência de honra, autorizam. Quando Deus vos criou, ele vos deu o direito de vida e de **morte**, uns sobre os outros? Não, ele deu esse direito somente à Natureza, para se reformar e se reconstruir; quanto a vós, nem mesmo vos foi permitido dispor de vós mesmos." (ESE. XII: 12)

"(...) Atualmente, a **morte** de um homem é um acontecimento que causa comoção, outrora não se dava atenção a tal fato. O Espiritismo fará desaparecer os últimos vestígios do barbarismo, inspirando aos homens o espírito de caridade e de fraternidade." (ESE, XII: 16)

"Oh! quando estiverdes a ponto de acusar Deus, lançai um olhar ao redor de vós, vede quanta miséria há para aliviar, quantas pobres crianças sem família, quantos velhos que não têm uma só mão amiga para socorrê-los ou lhes fechar os olhos quando a **morte** chegar! Quanto bem a fazer! Oh! não vos queixeis, ao contrário, agradecei a Deus, e distribuí prodigamente, a mãos-cheias, a vossa simpatia, o vosso amor, o vosso dinheiro a todos aqueles que, desprovidos dos bens deste mundo, definham no sofrimento e no isolamento. Colhereis alegrias bem doces aqui na Terra, e mais tarde... só Deus o sabe!.." (ESE. XIII: 11)

"Dois homens acabavam de morrer. Deus havia dito: "Enquanto esses homens viverem, cada um terá as suas boas ações colocadas em um saco; por ocasião da sua **morte**, esses sacos serão pesados." Quando os dois homens morreram, Deus mandou que lhe trouxessem os dois sacos. Um era grande, estava cheio, bem estufado e o metal que o enchia ressoava. O outro era pequeno, e tão fino que se viam através do pano as poucas moedas que continha. E cada um daqueles homens reconheceu o que lhe pertencia: 'Este é o meu, disse o primeiro, eu o reconheço, fui rico e dei muito dinheiro.''Este é o meu, disse o outro homem, eu sempre fui pobre, ai de mim! Não tinha quase nada para dividir com os outros.'

Mas, oh! surpresa! Quando os dois sacos foram colocados na balança, o maior tornou-se leve, e o menor ficou tão pesado que elevou muito o outro prato da balança.

Deus, então, disse ao rico: 'Deste muito, é verdade, mas deste por ostentação e para ver o teu nome figurar em todos os santuários do orgulho; além disso, dando, não te privavas de nada. Vai para a esquerda e fica satisfeito porque as tuas esmolas ainda foram contadas como alguma coisa.

Depois, ele disse ao pobre: 'Deste muito pouco, meu amigo, porém, cada uma das moedas que estão nesta balança representou uma privação na tua vida. Se não deste esmolas, fizeste a caridade, e, o que é mais importante, fizeste a caridade naturalmente, sem pensar que ela seria levada em conta. Foste indulgente, não julgaste o teu semelhante, ao contrário, tu o desculpaste em todas as suas ações. Passa para a direita, e vai receber a tua recompensa." (Um espírito protetor. Lyon, 1861.) (ESE. XIII: 15)

"Que a fortuna venha da vossa família, ou que a tenhais conseguido com o vosso trabalho, de uma coisa jamais podereis vos esquecer: é que tudo vem de Deus, e tudo retorna a Deus. Nada vos pertence na Terra, nem mesmo o vosso pobre corpo, a **morte** faz com que o deixeis, assim como a todos os bens materiais. Sois depositários e não proprietários, não vos enganeis com isso; Deus vos emprestou e deveis pelo menos o supérfluo, se destine àqueles que não têm o necessário." (ESE. XVI: 14)

"(...) Quando vos deixais apegar sem limites a uma fortuna, perecível e passageira como vós, já pensastes que chegará o dia em que tereis que prestar contas ao Senhor do que veio dele? Esquecestes de que, pela riqueza, fostes revestidos do caráter sagrado de ministros da caridade sobre a Terra, para serdes os seus distribuidores inteligentes? O que sois, portanto, quando usais apenas em vosso proveito o que vos foi confiado, senão depositários infiéis? Que resulta desse esquecimento voluntário dos vossos deveres? A **morte** inflexível, inexorável vem rasgar o véu sob o qual vos escondeis, e vos força a prestar contas ao mesmo amigo que vos havia prestado um favor, e que neste momento se reveste para vós com uma toga de juiz." (ESSE. XVI: 14)

"Mas de que faltas esta humanidade se teria tomado culpada, para merecer uma sorte tão triste, no seu presente e no seu futuro, se, na sua totalidade, ela estivesse relegada à Terra, e se a alma não tivesse tido outras existências? Por que tantas dificuldades colocadas em seu caminho? Por que essa porta tão estreita, que só a poucos é permitido transpor, se a sorte da alma é fixada para sempre após a **morte**? E assim que, com a unicidade da existência, o homem está sempre em contradição consigo e com a justiça de Deus. Com a anterioridade da alma e a pluralidade dos mundos, o horizonte se alarga; a luz se faz sobre os pontos mais obscuros da fé (...)" (ESE. XVIII: 5)

"Agora, meus amados, a **morte** desapareceu para dar lugar ao anjo radioso que conheceis, o anjo do reencontro e da reunião. Agora, vós que realizastes bem a tarefa imposta pelo Criador, não tendes mais nada a temer da sua justiça, porque ele é Pai e perdoa sempre aos seus filhos desgarrados, que pedem misericórdia." (ESE. XXI: 8)

"(...) As coisas aqui estão encaradas apenas do ponto de vista terrestre; o Espiritismo faz com que as possamos ver de mais alto, mostrando-nos que os verdadeiros laços de afeição são os do espírito e não os do corpo; que esses laços não se rompem, nem com a separação, nem com a **morte** do corpo; que eles se fortificam na vida espiritual pela depuração do espírito; verdade consoladora que nos dá uma grande força para suportar as vicissitudes da vida." (ESE. XXIII: 6)

"A vida espiritual, efetivamente, é a verdadeira vida; é a vida normal do espírito; sua existência terrestre é transitória e passageira; é uma espécie de **morte**, se a compararmos com o esplendor e a atividade da vida espiritual. O corpo nada mais é que uma vestimenta grosseira que, temporariamente, reveste o espírito, verdadeira cadeia que o mantém ligado à gleba terrena; e da qual sente-se feliz ao se libertar." (ESE. XXIII: 8)

"A mediunidade é dada sem distinção, a fim de que os espíritos possam levar a luz a todas as camadas, a todas as classes da sociedade, ao pobre como ao rico, aos sábios para fortificá-los no bem, aos viciosos para corrigi-los. Estes últimos não são os doentes que têm necessidade de médico? Por que Deus, que não quer a **morte** do pecador, o privaria dos recursos que podem tirá-lo do lamaçal? Os bons espíritos, portanto, vêm em sua ajuda; e seus conselhos, que ele recebe diretamente, são de natureza a impressioná-lo mais vivamente do que se os recebesse indiretamente." (ESE. XXIV: 12)

"(...) Dai-nos, meu Deus, forças para apagar, em nossa alma, todo ressentimento, todo ódio e todo rancor; fazei com que a **morte** não nos surpreenda com um desejo de vingança em nosso coração. Se for da vossa vontade nos retirar hoje mesmo daqui da Terra, fazei que possamos nos apresentar a vós livres de qualquer animosidade, exemplificando o Cristo, cujas palavras derradeiras foram de perdão para os seus algozes." (ESE. XXVIII: 3)

"(...) Bendito seja o vosso nome, Senhor, porque nos ensinastes que a nossa sorte não está irrevogavelmente fixada após a **morte**; que encontraremos, em outras existências, os meios de resgatar e de reparar nossas faltas passadas, de realizar, em uma nova vida, o que nesta não pudemos fazer para o nosso adiantamento." (ESE. XXVIII: 3)

LAR DE FREI LUIZ

EDUCANDÁRIO LAR DE FREI LUIZ
2014